今日、どんなにつらくても、
明日も笑顔で
売り場に立たなければならないのが、
販売員。

美しいものを売るために大切なこと

はじめに

「こんなはずじゃなかった」

「なんでうまくいかないんだろう」

人と話すのが大好きで、ブランドに憧れて、販売・接客の仕事に就いた方でも、必ず「思っていたのと違う」と、イメージとのギャップに悩む時期があります。

この本を手に取られたみなさまも、

・売り場の人間関係がつらい
・なかなか売り上げがアップしない
・顧客が増えない
・モチベーションが上がらない

など、大きな悩みのなかで苦しんでいらっしゃるのかもしれません。

とくに、上司も部下もお客様もほとんど「女」というこの世界。人間関係の悩み・苦しみは痛いほどよくわかります。


私は今でこそ「美容愛好家」という肩書きで、化粧品に関するコメントを雑誌やテレビなどで述べたり、販売員さんたちの勉強会でお話をさせていただいたりしていますが、外資系コスメブランドのクリニークに、美容部員として入ったことがすべての始まりでした。

販売の仕事に憧れて美容部員になり、ものすごい数の挫折を繰り返してきて改めて思うのは、販売の仕事がやはり、とても素晴らしい仕事であるということ。

せっかく憧れて、好きで入った世界なのですから、ぜひとも成し遂げていただきたい。壁を破った先に、必ず大きな喜びが待っていることを知っているからこそ、強く思うのです。

いい販売員の条件とは何か。

売り上げがトップの人なのか、顧客をたくさん持っている人なのか。主義はいろいろだと思いますが、私がいちばん大切だと思うのは、

お客様のニーズを引き出せること。

売り上げ金額と顧客数の根幹には、必ずお客様の満足度があります。満足度とはニーズに応えた結果です。

さらに、満足度をもっと深く掘っていくと、販売員の人間的魅力があります。素晴らしい販売員の共通点は、自分のファンをたくさん持っていることです。

この本では、売り上げアップや顧客増数はもちろんですが、

「**自分のファンを増やす接客**」

を、とことん追求していきたいと思っています。

私自身はコスメの世界ひと筋できましたが、接客販売の仕事で大切なこと、必要なことは、ファッション、アクセサリー、靴、雑貨ほか、女性たちを美しくする商

品、生活を楽しく彩る商品のどれにも共通するものです。

私のつたない経験が、少しでも日々必死で頑張る販売員のみなさまの参考になればと思い、心をこめて書き上げました。

今日、どんなに苦しくても、明日も笑顔で売り場に立たなければならないのが販売員です。

そんなみなさまのお役に立てたら、本当に嬉しく思います。

野毛まゆり

はじめに……002

第1章 自分を磨く

末端ではなく、先端である……012
リピート率が何より大事……015
あなた自身の魅力を高める……017
お客様に、どんな人だと思われていますか？……019
売り場はステージ、販売員は女優・俳優であれ……023
外見が大事……026
優秀な販売員の手……029
清潔感は信頼感である……032
各社エース販売員の共通点……035
自分のブランドを愛す……037
ニーズをわかる能力がファンを増やす……041
ニーズに応えるということ……045
アフターフォローが勝負……051
自分のサービスを客観的に考えてみる……055
美しいものを売る人は、美しい……057
コラム1 祖母と母が見せてくれた「おもてなし」の心……062

第2章 美しいものを売るために大切なこと

紹介は親切、押し売りは不親切……067
商品を魅力的に表現できていますか？……070
「言葉を増やす」重要性……073
書くことで商品知識を自分のものにする……077
商品の長所を見つける……081
さわって使わせる体験型販売で脳に訴える……087
「お得感」が「押し付けられた感」になるとき……090
ニッチなアイテムをスターにしてみよう……094
練習すればするほど、力がつく……097
コラム2 美のコンプレックス……101

第3章 愛される接客

販売員のためのベスト教材は？……105
お客様の言葉に沿う……109
会計後はゴールデンタイム……113
ヒマそうな店員は敬遠される……116

お客様を選ぶなんてとんでもない……118
「笑顔」は知識より強い……121
名前を名乗ることの大切さ……122
決して他ブランドを否定しない……125
休憩時間はリフレッシュ＆リセットタイム……127
プラスを考える前に、マイナスを消す……130
どうしても、苦手なお客様がいたら……132
「です」「ます」口調は決して崩さない……136
クレーム客を顧客に変える……140
休日は他社や他店を知るチャンス……143
絶対にやってはいけないこと……145
お客様に多く話していただく……149
「何かお探しですか？」は大きなプレッシャー……151
お客様の悩みを、決して肯定しない……153
お財布をジロジロ見ないこと……156
壁の乗り越え方……158
コラム3 すべてのはじまりは「販売」……161

第4章 仲間と仲良くできていますか？

売れない理由は、店内の人間関係にあり……165
店長の心得……169
個人売上ナンバーワンを目指すよりも大事なこと……173
大事な大事な呼び名の話……175
「下には慕われ、上には当てにされ」の教え……177
給料の話と悪口は、するだけ自分に跳ね返る……182
新人販売員のあなたへ……184
礼儀と敬語は自分の身を守ってくれる防具……187
叱るは愛情、怒るは感情……192
後輩や部下から、学ぶ……194
評価の軸を増やす……196
ブランドを移るということ……200
コラム4 目の前のことに全力投球……202

おわりに……204

執筆協力　八木沢由香
装丁　　　加藤愛子（オフィスキントン）
ＤＴＰ　　つむらともこ

第1章

自分を磨く

末端ではなく、先端である

販売の仕事は、命の次に大事なお金を、他人様のお財布から出させる仕事です。

それは、本当に生半可なことではありません。

よく「売り子」などと言って、販売員を末端扱いして軽んじる本社の人がいますが、そういう企業はたいてい伸び悩んでいます。

販売員は末端ではなく、先端です。最先端です。

店頭で商品を売り、お金をいただく販売員はお客様にもっとも近い存在。販売員を「先端」と考えて、大切にしている会社がよいメーカー、よい企業ではないでしょうか。

「販売員のクセにエラそうなことを言うな」

「売り上げもつくれないくせに本社にあれこれ言うな」

「お前らは黙って売ってればいいんだ」

本社のスタッフにこんなことを言われて落ち込んだ経験はありませんか？

作る人が偉くて、売るのは誰でもできる、そんな意識の企業はまだまだあります。

でも、会社が莫大な金額をかけて商品開発しようが、洗練されたデザイン広告を作ろうが、**それを見て買いに来てくれたお客様といちばん最初に接するのは、販売員であるみなさんなのです**。

なぜ、冒頭からこんなことを言うかというと、まずはみなさんに、企業の先端としての誇りを持ってほしいからです。

その誇り＝プライドが、必ず未来の大きな売り上げにつながっていくのです。

美しいものは、
細く長く売る。

リピート率が何より大事

実は、私は万年「売れない販売員」でした。売り上げ成績はずっと中の下あたりをうろうろしたまま。けれども……戻り率（お客様が再来店する率）だけは常に2位の人を大きく引き離したナンバーワンでした。

販売という仕事は、顧客づくりの仕事です。

リピートしてもらって、はじめて「顧客」になります。

私は明治時代から続く旅館の娘として生まれ育ちました。旅館業とは、リピートあってこその商売です。何度もいらしていただき、親子三代にわたって愛されないと立ち行かないものですから、常に「また来ていただく」という意識でおもてなしに心を砕いていました。

リピートが大切であるというのはどんな商売でも同じですが、とくに「美しいものを売る」というみなさんのお仕事においては、売り上げよりもリピート率を意識しなければいけません。

「美しいもの」は、「細く、長く売る」ことが大切です。なぜならば、みなさんが扱っている商品は消耗品だからです。

化粧品や香水が消耗品であることは言うまでもありませんが、洋服やアクセサリーも「流行がある」という意味で消耗品です。

一回に数万円分の商品をまとめて買っていただくよりも、足しげくご来店いただき、アイライナー1本、ハンカチ1枚を20年買い続けてもらうことを目指していただきたいのです。

あなた自身の魅力を高める

クリニークで教育の仕事をしていたとき、よく口にしていたのが次のセリフ。

「『渋谷の○○百貨店でクリニークが買いたい』ではなく、『あなたから買いたい』と言っていただけるような仕事をしましょう」

なぜなら細く長く商品を愛していただくには、結局、**商品力やブランド力ではなく、人間力が必要だからです**。商品の魅力以上に、自分自身の魅力を磨き、お客様に愛されなければいけません。

私の古い知り合いで、とても魅力ある美容部員さんがいます。お客様の信頼も厚く、彼女が同業他社に転職したときなど、お客様の多くが彼女を追いかけてご自分の化粧品をすべて転職先のブランドに変える、ということがありました。国産から外資系への転職でしたので、商品ラインもずいぶん違います。

でもお客様は、

「彼女が好きだから彼女から買いたい」

「買い物ついでに彼女と話すのが楽しかったから」

と、今までお使いだった商品を一変されたのです。

また、こんなお客様もいらっしゃいました。

ある販売員が、転勤で東京から大阪の百貨店に異動した際、東京にお住まいなのに、わざわざ代引きで大阪の百貨店で買い物されるようになったのです。

こういう話は珍しくありません。

あなた自身の魅力で、どんな商品も売れるように、この本では、

- 見た目（外見）
- 接客のテクニック
- 人間関係力（仲間と仲良くできる能力）

についてアドバイスしていきます。

まずは、自分自身を磨き、自分のファンをつくるために大切なことを、お話ししていきたいと思います。

お客様に、どんな人だと思われていますか？

私がクリニークを退職したあと、初めての取引先としてお世話になったのが、人気コスメブランド・スックです。スック本社の教育担当として、全美容部員のトレーニングに力を注いでいる平野美穂子さんという女性がいます。

かつて美容部員だった平野さんが、販売員時代にいちばん印象的だった出来事について話してくれました。

「ある日、お客様にタッチアップ（実際にメイクをしながら商品紹介すること）をして差し上げていたら、そのお客様が、

『あなたいま、すごく楽しいでしょ』

と突然にっこり笑いながらおっしゃったんです。私は、

『えっ？』

と思わずビックリしてしまいました。

正直言ってつらいこともたくさんあった時期だったので、『仕事を楽しんでいる』自覚がなかったんです。意外な気持ちでいっぱいだったのですが、ジワジワと嬉しくなりました。

『接客は楽しい。商品も大好きで、お客様にメイクをするのもとても好き』

お客様の言葉によって、こういう気持ちを思い出すことができたのです。

何よりお客様に『楽しそう』と思っていただけたのが、幸せでした」

シンプルですが、とても大切なことを教えてくれるエピソードだと思います。

あなたは一度でも、客観的に見て自分はどんな販売員かを考えてみたことがあるでしょうか。

お客様が販売員に対してもつ印象は、

- いつも楽しそうに接客してくれる
- 若くて頼りないけど、笑顔がいい
- 商品知識は豊かだけど、一方的
- 押しが強くて怖い
- 不健康で不潔っぽい
- マニュアルっぽい
- とくに印象に残らない人

など、さまざまです。

ただし、お客様の脳裏に焼き付いて絶対に忘れられない販売員は次のたった二種類しかありません。

1　ものすごく頭にきた接客

2　ものすごくよかった接客

つまり、多くはお客様の印象に残らない販売員なのです。

お客様に強いインパクトを与えなければ、リピートしてもらえませんし、もちろん「お客様を自分のファンにする」ことはできません。

そのための第一歩は、自分がお客様から見てどんな販売員に見えるのか、考えてみることです。

平野さんの場合は、自分では楽しんでいる自覚がなかったのに、お客様が楽しそうだと思ってくださったという、はからずもいい方向に印象づけられた例ですが、たいていは自己認識よりも客観的印象が、下回るものです。

お客様から見て、あなたは「楽しそう」に見えるでしょうか。「苦しそう」に見えるでしょうか。それとも、「失礼な態度の人」でしょうか。「とくに印象に残らない人」でしょうか。

売り場はステージ、販売員は女優・俳優であれ

売り場に立つということは、ステージに立つことと同じです。

美しいものを売る人が美しくなければ、お客様は夢を壊されてしまいます。

売り場では、正面からだけでなく360度にわたってお客様から見られることに

なります。頭のてっぺんから足の先までお客様の目にさらされるので、お化粧はもちろん、髪型、着ている服の乱れ、口元の清潔感、靴のツヤまで、どの角度から見られても身だしなみに隙《すき》がないようにしておくことは大前提です。

接客時だけでなく、立ち姿、何か作業しているときの姿勢、表情にも気を抜かないで、緊張感を保って美しい立ち居振る舞いを心がけてください。

体調が悪くても、失恋したとしても、売る側の機嫌はお客様には一切関係のないことです。

プライベートでいかなる事情があろうとも、元気のない顔、不機嫌な顔でお客様と相対することは許されません。

売り場はステージと言いました。売り場にいる販売員は、女優です。舞台の上の女優は、どんなにひどい体調でもプライベートで何があろうと、ステージを降りるまでは演じきります。それがプロです。

ある販売員さんで、こんな人がいます。日頃はおとなしい性格で、口数も少なく、仲間同士の付き合いも悪い。でも、ひとたび開店し、お客様に接すると、スッと表情に光がさし、人が変わったように陽気で明るく朗らかな人になる。

私はプロだなあ、と感心します。もちろん、いつも明るくロッカールームでも楽しく陽気でいられるほうがいいのですが、彼女は性格的にそういうタイプではないのでしょう。

でも、売り場では人が変わったかのように素晴らしい笑顔を見せて、お客様と接することができる。まさに女優です。

旅館業を営んでいる私の祖父も父も弟も、ふだんは無口でだんまりしていますが、**最高に外面《そとづら》がいいのです**。

実は接客業では「外面《そとづら》がいい」というのはほめ言葉です。

外見が大事

販売員、とくに美しいものを売る人は、見た目が非常に大切です。あなたの身なりが美しくなければ、美しい商品が汚らしく見えるのです。

①肌（荒れた肌は不健康な印象と不潔感を与える）
②メイクアップ（ブランドイメージに合っていないメイクはＮＧ）
③服装（シワ、シミがないか。食べ物のシミや汚れがついていたらげんなり）
④髪型（ヘアスタイル、お手入れ不足）
⑤手指（スキン＆ネイルケア）
⑥靴（汚れ、スレはないか）

⑦めがね（皮脂や汗、フケなどで汚れためがねをつけている販売員が多い！）

⑧無精ヒゲ（男性販売員が不潔感を感じさせるポイント）

できている人にとっては当たり前でしょうが、できていない人が非常に多いので、わざわざ書き連ねました。

特別なことをする必要はないのです。清潔感があり、「キレイにしている」印象を周囲に与えればいいだけ。最低限のことです。

また、販売員は「動きのある」仕事。自分の動きを想像して、身なりを整えましょう。

お辞儀をするたびに髪の毛が「バサッ」と落ちてきたり、前髪を斜めに流してピンで留めず、動くたびにハラリと目にかかったのを手でなでつける……。よく見られますが、不潔な印象です。

商品は売った瞬間から
お客様のもの。
売っている側は、
お客様のものを
お預かりしているだけ。

優秀な販売員の手

よい販売員を簡単に見分ける方法は？

それは「手」を見ること。優秀な販売員はみんな、男女問わず「美しい指先」をしています。

直接商品をさわり、お客様に紹介するのはあなたの「手」。お客様の視線は必ずあなたの手指にそそがれます。

化粧品の場合は、直接お客様の肌にふれる部分です。それなのに、手指の手入れができてない販売員が多いのです。

販売員失格の手指

- ささくれだった指先
- はげたネイルエナメル
- 爪の中にゴミ
- 手荒れ

爪の長さやネイルエナメルの色などは、ブランドやお店でルールが異なってくると思いますが、ハンド&ネイルケアだけは怠らないように。ささくれだってガサガサの手は、繊細な売り物を傷つけてしまう可能性もあります。

ネイルサロンに行かないまでも、クリームをつけてハンドマッサージやネイルマッサージを行うなど、柔らかく、清潔な手指でいる努力はしておくべきです。

私は時間のたっぷりとれる休日に、徹底的にお手入れをすることを習慣にしています。

ずっと続けている手指のお手入れ方法

1　スクラブ剤で角質ケア（顔用でもボディ用でも可）
2　石けんでよく洗う
3　ネイルケア
●甘皮処理
●やすりで長さを整える
●ネイルエナメル（ベースもトップも塗る）
4　ネイルオイルとハンドクリーム

接客中も、お手洗いに行くたびに、きれいに洗い、ハンドクリームやネイルオイルでさっとケアしましょう。

小さなことですが、一事が万事。

商品は、売った瞬間からお客様のもので、**売っている側は「お客様のものをお預かりしている」だけなのです。** お客様の大事な商品を取り扱うのはあなたの手指。手指を見れば、その人の販売員としての心がけがわかります。

清潔感は信頼感である

手指を清潔できれいにしておくと同時に心がけておきたいのが、指輪やピアス、腕時計などの貴金属類のお掃除。

つけている本人は気づきにくいのですが、お客様の目からは、すき間にたまったゴミやホコリなどがよーく見えるものなのです。

自分が使っているアクセサリー類をチェックしてみてください。

刻まれた模様と模様の間、時計の文字盤周りやベルトの部分などに、石けんカスやホコリが詰まっていませんか？　またピアスの金具の周辺に垢のようなものがたまっていないでしょうか。

細かなことですが、接客の仕事ではとことん隅々まで、きれいに清潔にしておくという意識が大切です。

そのほか、次の点もお客様の目につきやすい部分です。

お客様に不潔感を感じさせてしまうポイント

- 耳の中、鼻の中などの汚れ
- 口臭
- 歯の汚れ、虫歯

- 荒れた唇
- 汚れた舌

見えないところ、見落としがちなところほど手を抜かないこと。清潔を意識することは、販売員のたしなみです。

清潔感は、信頼感とイコールです。

一瞬でもお客様に「不潔さ」を感じさせたら、どんなにいい接客をしていてもまったく意味はありません。それどころか、あなたの不潔さのせいで、美しい商品が汚らしく見えてしまうことだってあるのです。

反対に清潔感のある人は、それだけで存在感があります。

「美人」という意味ではなく、「きれいにしている人」は、お客様からの指名が多いのです。

各社エース販売員の共通点

私は今、小学館の美容誌『美的』で「野毛まゆりのコスメカウンタークルーズ」という連載をしていました。このページは、各化粧品会社の美容部員さんに登場していただき、自社ブランドの魅力を語ってもらうというもの。

言うなればブランドの看板を背負って出てくるわけですから、登場してくださるのはみんな売り上げも顧客数も、人を育てる指導力にも優れたオールマイティなトップセールスマンばかり。「スーパーエース」と呼ぶにふさわしい方たちです。

これまで男女合わせて40名以上の方に出ていただき、年齢も20代～50代と幅広くお会いしました。ブランドが40集まれば、ブランドがもつ個性も展開している商品もターゲットとしている層も多種多様です。

ところが、それだけ多様であるにもかかわらず、いくつかの共通点がありました。

スーパーエースの共通点

- ひとつのブランドに長く勤めている
- みずみずしい雰囲気（目がキラキラしている）
- 人が好き、接客が大好き
- 動作がキビキビしている
- 会話がハキハキしている
- くったくのない笑顔
- 清潔感がある（手指ももちろんきれい）
- 上司、同僚、後輩すべてと仲がいい

そして一番大きな共通点は、「**自社の商品が大好きで、自分の会社が一番！**」と思っていること。誰ひとり例外なく、自分が売っている商品を心から愛し、誇りをもっていることが言葉に出さずとも伝わってくるのです。

自分のブランドを愛す

エース販売員の方々は、自社の商品を本当に深く愛していて、だからこそ誠意をもって仕事をしています。その熱意と愛はお客様に伝わります。

みなさんはいかがですか？　自分の会社、ブランド、商品に深い愛情をもっていますか？

第一希望のブランドに入れなくて、なかなか好きになれない方もいるかもしれません。また、大好きだったのに「嫌いになってしまった」方もいらっしゃるかもしれません。

みなさんが売っている「美しいもの」は非常に奥が深い魅力があるはずです。自分の好みや第一印象で「嫌い」と決めるのは、もったいないことです。

嫌いな商品を好きになる方法

- 商品をとことん理解する

商品をあらゆる角度から見つめなおし、すべての商品の長所を10個以上書き出して、さらに自分が好きになれない理由も書き出す。

- その商品を好きな人に話を聞く
- 他の販売員の売り方やセールストークを知る

ここまでやっても、商品や会社に愛がもてないということでしたら、私は転職するしかないと思います。恋人と一緒です。嫌いな人といつまでもお付き合いするのは、お互い不幸です。別れるしかありません。

嫌いなものをイヤイヤ売るのは、販売員が不幸であるばかりか、お客様に失礼です。

ただし……ファンの多い販売員は、自分の好みじゃない商品すらも、慈《いつく》しんで売ることができる人。

「好きな商品だから頑張れる」というのはもちろん大切ですが、**本当のプロは、あらゆる角度から商品の長所を探り、どんな商品でも売っていける人**ではないでしょうか。

自分の好みではない商品も
慈《いつく》しんで売ることができるのが、
ファンの多い販売員。

ニーズをわかる能力がファンを増やす

「お店にいらした目的は、お客様の動きを見ていればわかる」

アパレルブランドで販売員をしている裕子さんはこう言います。

「まっしぐらにコートのところへ行かれるお客様、スカートだけをチェックされる方、全体的に遠くから『眺める感じで』商品をご覧になる方……。

ご来店されて、10秒あれば、

『どんな目的でご来店されたのか』

がだいたいわかります」

裕子さんは、「お客様が何をしにお店に来られたか」わかったところで、声をおかけするそう。

全体を眺めるようにご覧になっている方には、

『何かありましたら声をかけてくださいませ』

とひと言だけお声がけし、あとは自由に商品を見ていただきます。

「コートをお探しで、たとえば黒や紺ばかり見ていらっしゃったら、バックヤードに別デザインがあるので、

『黒と紺のコートでまだ店頭に出ていないものがございます。よろしければお出ししましょうか？』

と声をおかけします」

お客様が求めるものがわかる能力。

お客様が求めるものをきちんと引き出す能力。

これが、販売員の能力のなかでもっとも磨かれなければならないところです。

次はちょっと残念な例を紹介します。
「日焼け止め下地と化粧水」のみ7年近く買い続けたあるお客様から聞いた話です。

お客様「化粧水と下地をください」
美容部員「ありがとうございます。こちらのクレンジングミルクが○○の雑誌のランキングで一位になって、非常にさっぱりとした使い心地で、夏のお化粧もスッキリ落とせますが、いかがですか？」
お客様「クレンジングは別のところのを使ってるので、今はいいです」
（あ、そうだ最近テカリが気になるんだった。パウダーでも見せてもらおうかな）
お客様「わたし、ファンデーションを使わないので、日焼け止めしか塗らないんですけど、最近肌のテカリが気になるんです」
美容部員「そうですか……。ファンデーションをお試しになりますか？」
お客様「いや、ファンデーションは好きじゃなくて……パウダーとかでテカリをおさえることってできないんですか？」

美容部員「パウダーをご覧になりますか？」

お客様「はい……」

パウダーをいくつか試して買うことにしたお客様に対して、最後に美容部員が言ったことは、

「パウダーをお使いのとき、先ほどご紹介したクレンジングミルクはおすすめです。すっきり落とせます」

脱力して「いえ、もういいです。やっぱり今日は何もいりません」と返事をしたそうですが……。

ニーズに応えるということ

前項の会話を一緒に振り返ってみましょう。

お客様「化粧水と下地をください」
美容部員「ありがとうございます。こちらのクレンジングミルクが○○の雑誌のランキングで一位になって、非常にさっぱりとした使い心地で、夏のお化粧もスッキリ落とせますが、いかがですか？」

「化粧水と下地をください」と言っているのですから、まずはすぐにお持ちして、お客様を安心させなければいけません。お求めの商品もお持ちせず、こちら側が売りたい新商品をすすめるなんて絶対にダメ。また、この会話でお客様が自社商品を愛用くださっているということがわかります。ですからここで必ずアフターフォローをすることが大切です。

「いつもお使いいただき、ありがとうございます（すぐにお持ちする）。**いまお使いの化粧水と下地、お役に立ってますでしょうか**？　何か気になる点はございませんか」

このように質問すると、お客様の満足度とお悩みが引き出せ、そこから新たな対応ができます。

お客様「わたし、ファンデーションを使わないので、日焼け止めしか塗らないんですけど、最近肌のテカリが気になるんです」
美容部員「そうですか……。ファンデーションをお試しになりますか？」
お客様「いや、ファンデーションは好きじゃなくて……パウダーとかでテカリをおさえることってできないんですか？」
美容部員「パウダーをご覧になりますか？」
お客様「はい……」

会話のなかでお客様は、

- ファンデーションを使わない
- テカリが気になる

という2点の情報をくださっています。ファンデーションを使わない、と言っているのにそれをすすめると、お客様は「自分の言ったことが理解されていない」という気持ちでうんざりします。

また、ここで勘違いしないでほしいのが、

「パウダーがほしい」

というのがニーズではないということです。お客様のニーズは、

「テカリをなんとかしたい」

ということです。

そのニーズに対しては、
●スキンケアを再確認し、テカリの出ないつけ方をお教えする
●下地を塗ったあとティッシュで押さえるなどしてテカリをとる方法をお教えする
●油分の少ない日焼け止めをご紹介する
●皮脂が出にくい、スキンケア方法をお教えする
など、パウダーをご案内する以外にもいろいろなご提案ができるでしょう。

お客様に愛されている販売員は、やはりニーズに敏感で、次のような共通点があります。

ニーズを引き出せる販売員

- 質問上手で気持ちを聞き出せる
- いろいろなシーンや状況を想像できる
- 相手の言葉や表情から気持ちを敏感に察することができる

その日商品が売れなかったとしても、きちんとニーズに応え、お客様の満足度を高めることは、必ずリピートにつながります。

売れても売れなくても、お客様に何らかの印象を残し、

「**今日このお店にきてよかった**」

と思って帰っていただきましょう。

前回お買い上げいただいたものが、
「お役に立っているか」
必ず確認して、
アフターフォローする。

アフターフォローが勝負

あなたが想像する以上に、「買ったけど使いこなせないもの」というのは多いものです。

洋服の場合は、

「買ったけれども合わせるものがなかった」

「アイロンや洗濯が面倒くさい」

化粧品の場合は、

「アイシャドウ4色も使いこなせなかった」

「夏になってベタベタしてきて、乳液を使わなくなった」

など、さまざまな理由があります。

そこで大切なのは、きちんとアフターフォローすること。

このアフターフォローこそが、リピートにつながるのです。

アパレル販売員の智子さんは必ず、二度目以降のご来店時に、

「先日お買い上げいただいたブラウス、いかがですか？」

と、**前回のお買い物がお役に立っているかどうか感想を聞く**といいます。

「結局何に合わせたらいいのか、わからなくって……。アイロンも面倒くさいから」

という答えが返ってきたら、

「パンツだけでなく、ベルトをしてロングスカートと合わせるのもいいですよ」

「スカーフをこのように巻くと、フォーマルな場所でも対応できます」

「脱水のとき、水分を残す設定にしてしわを伸ばして干せば、アイロンをかけなくても大丈夫ですよ」

など、せっかく買っていただいたものを使ってもらえるように、知っている限りの情報をお話しするのだそうです。

お客様は、「これから買おうかどうか迷っているもの」についての会話は警戒しても、「すでに持っているもの」に対する説明には、耳を傾けてくださるものです。

アフターフォローの会話を糸口に、お客様の新たなニーズを引き出すこともできます。

さらに、お客様は「**一つでも多く得したい**」もの。

● 着ていない洋服の新しいコーディネイト例
● 手入れが面倒くさい雑貨の、簡単なお手入れ方法
● スカーフのちょっと変わった結び方で、帽子の印象が変わるという提案
● 結局使っていないハイライトカラーやアイカラーの使い方

こういった情報は非常にお得感があります。

また、丁寧なアフターフォローを念頭におくと、絶対にお客様の役に立たないと

わかるものを売れなくなります。

優秀な美容師さんは、必ず、お客様の性格や生活習慣を確認し、ブローの苦手な人にブローの負担が高いヘアスタイルを作ることはありません。

販売員も同じです。

メイクが不得手なお客様に、6色グラデーションのアイシャドウをお買い上げいただいても、使いこなせない可能性が高いでしょう。

一度目にたくさん買ってもらったとしても、使ってもらえなければ、ブランドや販売員に対する満足度は下がるだけです。**満足度が低ければ、もちろんリピートしていただけません**。

また、「お客様の買われた商品」を覚えておくのもとても大切です。それをカスタマーカードに頼らず把握できていたら、一流の販売員だと思います。

知人があるお店で2つのブラウスで迷ったとき、店員さんが、

「こちらのほうが先日買われたスカートに合いますよね」

と言ってくれて、嬉しかったそうです。

「2回目の来店だったのに、前回買ったスカートをちゃんと覚えててくれて、しかも親身なアドバイスでいい買い物ができた」と感激していました。

お店で管理しているカスタマーカード以外に、自分できちんと日記やメモをつけていると、こういった真に喜ばれる接客ができます。ぜひおすすめします！

自分のサービスを客観的に考えてみる

「自分だったら嬉しい」「心地よい、気持ちよい」を想像してお客様へ還元するのはとても大切なこと。

だからといってサービスの押し付けになっていないかどうかは気をつける必要が

あります。

あるホテルで「持ってきた服がシワシワになっちゃって……」と話しながらエレベーターに乗っていたとき、外出先から部屋に戻るとアイロンが置かれていたことがありました。

おそらくエレベーターの中にホテルのスタッフの方がいて、私たちの会話を聞いてすぐに手配してくれたのではないかと思います。

この話をすると「さすがのサービスだね！　感激するよね！」と言う人もいれば、「それはやり過ぎじゃない？　私だったら話を盗み聞きされていたみたいでイヤだわ」と反応する人もいました。

このように同じひとつのおもてなしに対しても、嬉しいと思う人、イヤだと思う人がいて、人の感じ方はそれぞれです。

自分がされて心地よいことをサービスとして提供するのが前提ですが、ときには「自分はお客様にこういうことをしてさしあげているのだけれど、どう思う？」と第三者に聞いてみてはどうでしょう。

みなさんの周りにも、いろいろな性格、いろいろな価値観の人がいることでしょう。「どう思う？」と聞いたときの反応の仕方も違うはずです。

同じ事柄に対しても、人によってそれぞれ感じ方が違うということを知るのは、接客の質を高めていく上できっとよい勉強になります。

美しいものを売る人は、美しい

教育トレーナーとして美容部員さんたちを指導していたときのことです。学校を出たばかりのホヤホヤの新人社員さんから、こんなことを聞かれました。

「野毛トレーナー、この仕事の良さってどんなところですか？」

そう真正面から聞かれて、ハタと考え込んでしまいました。私自身は、この仕事の良さについて、じっくり考えたことなどなかったからです。

大好きな化粧品に囲まれて仕事ができること？

いろいろな人と日々出会える楽しさ？

改めていろいろ考えてみて、行き着いたのは、

一生キレイでいられる仕事！

だということ。

これは美容部員に限りません。洋服やバッグや靴も、アクセサリーも、雑貨も、「美しいものを売る販売員」はメイク、身だしなみ、ファッションに気をつかう仕事。だから売り手である自分がまずはキレイでい続けることができます。

シーズンごとに流行がありますから、常に時代の先端に身を置き、自らがモデルとなって流行発信していくこともできます。

50代になっても60代になってもオシャレで若々しくて、きれいな女性が多いのがこの世界。先日、78歳の現役販売員の方にお会いする機会がありましたが、イキイ

キしていてとっても魅力的でした。日常的にたくさん会話をしているので、外見も内面も若々しいのです。

また、自分がきれいでいられるだけではありません。きれいになりたいと願う人たちのお手伝いができるのも魅力のひとつです。

ありきたりな言い方ですが、**人を美しくするということは、人を幸せにすること**にもつながります。きれいになるためのお手伝いや、幸せになっていただくための橋渡し役が販売職なのです。

みなさんが美しいものを売る仕事を選んだのは、きっと私と同じように「人と話すのが好きでこのブランドが好き」というのが一番の理由ではないでしょうか。でも、ときに、

「なんで接客なんて大変な仕事を選んでしまったんだろう」

「毎日毎日、ものを売るだけの仕事に、どんな意義があるの？」

「やっぱり土日の休みがほしい」

と、落ち込んでしまうこともあるでしょう。

そんなとき、1章で言い続けてきた**「自分のファンをつくる」ことが、この悩みをすべて解決してくれるはずです。**

顧客さえ増えていけば、迷ったり落ち込んだりしたあなたの背中を、お客様が、必ず押してくれ、励ましてくれます。

お客様がさらに自分を磨いてくださるのです。

私は、販売員になったからには、ひとつのブランドに一日でも一時間でも長く勤めるのが美徳だと思っています。

なぜなら、ものは進化し、流行は変わるものだから。

今の商品と過去の商品を比べて、よりいっそう深みをもったアドバイスができる人が、さらに素晴らしい販売員になるのです。

販売員になったからには、
ひとつのブランドに、
一日でも、一時間でも
長く勤めるのが美徳。

コラム1

祖母と母が見せてくれた「おもてなし」の心

私は明治時代から続く西伊豆・土肥《とい》温泉にある旅館の長女として生まれました。

母のお腹にいる頃から、「いらっしゃいませ」「ありがとうございました」「またどうぞお越しくださいませ」を聞き、心地よいおもてなしというものが日常の中にごく当たり前に存在する環境で育ってきました。

旅館というのは「女将」が重要な役割を担い、表に立つことが多いものです。

それゆえ、身だしなみにはいっそうの配慮をしなければいけません。

祖母は、夜中にいつお客様から呼び出されても、すぐに身奇麗な状態で応対できるように、毎晩湯上りであってもおしろいをはたいて眉をきちんと描いて寝るような人でした。亡くなった日の朝も眉だけはきちんと描いて倒れていました。きっと遠のく意識の中で「人前で眉ナシではみっともない」と、必死で描いたのでしょう。

母も女将さんとして、いつもきれいにお化粧をし、美容院で髪を洗い、70代になった現在も365日フルメイク。マスカラもきちんとつけ、ネイルサロンで爪のお手入れを欠かさないぐらい、おしゃれが大好きです。

女将や仲居さんが着物を着ているのにも、理由があります。それは、着物が、お客様に非日常を味わっていただくための、演出のひとつだからです。

「美しく身なりを整えて、お客様をもてなす」

祖母と母の姿を通し、美に対する意識とおもてなしの意識は、私の身にも染み付いていきました。

私にとって「装いを美しくする」ことは、相手への気持ちのあらわれです。

ふだんは安価でカジュアルなファッションを楽しんでいますが、先日行われたある女性誌のイベントには、その雑誌のイメージに合わせた洋服を選びました。読者から期待されている像というものを考えたからです。

またデパートでトークイベントをするときには、そのデパートで購入した洋服を着て出演するようにしています。これが私なりの相手への心遣いなのです。

さらに旅館の場合は、身だしなみと同じくらい「空間の美」というものを大切に考えています。

いくら建物が古くても、すみずみまでおそうじをして、調度品を磨き、お客様をお迎えします。これも、大切なおもてなしです。

旅館の娘として、裏の舞台は大変でも、美しい空間と心からのサービスによって、お客様が楽しそうな笑顔で滞在を楽しんでくれる姿、そして喜んで帰られる姿を見続けてきて、「接客というのはホントにいい仕事だな」と感じていました。

きれいな空間の中で、人を幸せにしつつ、自分もまたきれいでいられる仕事。そうした職業に就きたいというのも漠然とした夢でした。

そして最終的に選んだのがデパートの美容部員という職業だったのです。

第2章

美しいものを売るために大切なこと

「買ってほしい」ではなく、
「いいものがあるから
知ってほしい」という気持ちで
商品を紹介する。

紹介は親切、押し売りは不親切

子どもの頃からの念願かなって美容部員になった私でしたが、最初はなかなか「売る」ことができなかったのです。

当時のマネージャーは、「私がやるから横で見ていなさい」と横に立たせて何度も何度も売り方を見せてくれたのですが、それでも売ることができない私が不思議だったのでしょう。

ある日「なんでそんなに売れないの?」と聞かれました。「お客様のお財布の中身を心配しちゃうんです。しかも、あれこれ紹介したら嫌われるんじゃないかと思って……」と答えると、このように言われたのです。

「あなたね、押し売りは不親切だけれど、紹介は親切なのよ」

「あなたがお客様に商品を紹介しなかったら、お客様はうちの商品を知らないままでしょう？　あなたは押し売りと感じているかもしれないけれど、その商品はお客様の選択肢を広げるいいきっかけになったかもしれないのよ。あなたの身勝手な判断で紹介しなかったことで、その可能性を断ち切ったことになるんです。それは大変不親切です」

そう教えられて目からウロコが落ちる思いでした。

マネージャーからは、「口紅しか使っていない人にアイシャドウをすすめないのは、アイシャドウの魅力を教えないことになる。その人は、アイシャドウを知らずに一生を終えることになるかもしれない。それは罪だ」とも言われました。

それは本当にそのとおり。

情報として知ってはじめて、いいもの、新しいものと出会えるのです。

商品をおすすめするというのは、情報を提供するということです。

「買ってほしい」ではなく、「いいものがあるから知ってほしい」という気持ちでいいなら、私にもできる。早速実行してみました。

「お客様、今日は買っていただかなくてかまいませんので、もしお時間があれば話だけ聞いていていただけますか？」

そう前置きして、商品を紹介していくと、「あら。じゃあそれもいただくわ」と買ってくださる方もいたのです。あまりにあっけなく商品を買っていただくことができて、拍子抜けする思いでした。

みなさんのなかには、「いかがですか？」とおすすめするのが苦手で、なかなかお客様に買っていただくことができないという人もいるのではないでしょうか。

それは、商品を「売ろう」としているからかもしれません。だとしたら、

「**お客様に買わせるのではなく、お客様にとって有益な情報をお伝えする**」

というように、気持ちを切り換えてみてはどうでしょうか。

商品を紹介するのは、今以上にきれいになっていただくため、幸せな気持ちになっていただくための情報提供です。それをするのは販売員としての役目。情報をお伝えしないほうが罪なのです。

商品を魅力的に表現できていますか？

「美しいものを売る」販売員は、自分自身によって、自社商品を魅力的に表現できなければいけません。

私も、いつも手指をきれいにすることを心がけていたせいか、

「あなたがつけているマニキュア、きれいいね。それと同じ色をちょうだい」

とよく言われました。同じく、アイシャドウやマスカラも、

「それと同じ物が欲しいわ。どうやってつけるの？」

と言われました。セールストークをせずとも物が売れていくのですから、こんなに楽なことはありません。

同じようにベルトやスカーフ、ヘアアクセサリーといったものも、販売員さんが自分の体や髪の毛を使って使い方やアレンジの方法を教えてくれると、とてもよくわかりますし、その商品がすごくいいものに見えてきます。

販売員が自らモデルになって、コーディネイトや使い方、アレンジ法などをデモンストレーションし、商品を魅力的に見せるのは本当に大切なこと。

商品の魅力を体現することで売り上げを伸ばすのが、できる販売員だなあと実感しています。

渋谷１０９の店員さんは、在庫の多い商品を自ら身につけ、しかも一日に何度も着替えるそうです。まさに「商品の魅力を体現する重要性」をわかっているのですね。

販売員のボキャブラリー次第で
商品の魅力が増す。

「言葉を増やす」重要性

言葉を豊かにする、というのは、対面販売の大きな武器になってくれます。

言葉のはしばしに「センス」がある人は、やはりとても素敵ですし、知的に感じられます。「あなたのファンをつくる」という意味でも大切なことです。

たとえば、接客の枕詞で、

「最近寒いですよね～」

と言うかわりに、

「秋めいてきましたね」

「一枚羽織りたい季節になりましたね」

と応対したらどんな印象でしょう。お客様にあなたの知性と落ち着きを感じてもらえるのではないでしょうか。

また、固有名詞を上手に使う人も素敵です。

「007のボンドガールのような、セクシーな色です」

と言われたら、赤い口紅の世界観がぐっと広がります。

ふつうのタイトスカートも、

「20年代のシャネルのツイードスーツのラインに似ていて素敵ですよね」

など、お客様にとって憧れのキャラクターを固有名詞であらわすと、商品に付加価値を感じてもらえます。

自分のブランドの「世界観」を自分なりに咀嚼《そしゃく》し、自分の言葉で表現できる人は、やはり売り上げも顧客数も他を大きくリードしていました。もちろんその人自身に魅力があったのは言うまでもありません。

私も教育トレーナーだったとき、

「世界観をお客様に伝えなさい」

と、口が酸っぱくなるほど言っていました。ブランドの世界観を言語化して、会話のはしばしで使うためには、やはりボキャブラリーが豊富でなければいけません。

「このＴシャツ、かわいいですよね。あ、この帽子もかわいくっておすすめです。チャームが揺れるのがかわいいんです〜」

と、商品の長所をすべて「かわいい」で表す販売員には、正直言ってうんざりしてしまいます。

「このＴシャツ、デザインが洗練されていますよね。この帽子はチャームが揺れるつくりで、シルエットが美しいんです」

言葉を換えるだけで、商品の魅力はもちろん、あなた自身の魅力も増すはずです。

参考までに、使える語《ご》彙《い》集をあげておきます。

「かわいい」の類語

可憐な、美しい、チャーミングな、キュートな、メルヘンチックな、乙女チックな、素敵な、きれいな、愛らしい、プリティ、ビューティフルな、キラキラとした、うっとりするような、ラブリーな、スイートな

「カッコいい」の類語

凛々しい、クールな、都会的な、モダンな、洗練された、スマートな、シャープな、素敵な、きりっとした、威厳ある、さっそうとした、すっくとした、現代的な、理知的な、スタイリッシュな、スッキリとした、ハンサムな、ファッショナブルな

「高級感」の類語

ラグジュアリー、高品質の、豪華な、贅沢な、リュクス、デラックス、丁寧に作られた、上品な、ハイクラスな、ハイグレードな、リッチな、クオリティーが高い、ステイタスのある、ゴージャスな

書くことで商品知識を自分のものにする

「誰よりも自社の商品に詳しい」と思えるほど、徹底的に商品を覚えたとき、販売員としての自信がつきます。その自信がお客様にとっては信頼感となります。

最低でも覚えておかなければいけないのが、次のこと。

●商品の正式名称
●価格
●素材や成分
●容量
●効能・効果
●サイズ
●色数
●デザインの特徴

商品名は、名称に使われている単語の意味まで理解しておくことが求められます。

たとえばクリニークには、『ドラマティカリーディファレント モイスチャライジング ローション』という長い名前の商品があります。これは要約すると「劇的に他とは異なる潤い乳液」。

すなわちドラマティカリー（劇的に）やモイスチャライジング（潤う）といった言葉の意味がわからないと、商品の特長やポイントもわからず、どんな肌に向いているかもわからないのです。

商品は自分の子どもと一緒。生まれ出た背景から名前の由来まで深い理解をもって覚えるのです。

ここで大事なのは、「暗記」ではなく、「理解」すること。表面的なことだけでなく、知識を十分に自分のなかで咀嚼《そしゃく》してはじめて「武器」として使えるのです。

他にも、化粧品なら「どれくらいもつのか」、ファッションなら「何シーズン着られるか」など、お客様から多く聞かれる質問に答えられる知識も必要ですし、自分なりの解釈も加え、覚える必要があります。

こうした広範な知識や情報を、ただひたすら覚えていくのは限界があります。

トレーナー時代、商品知識を覚えるのに苦労していた新人社員さんに「これが一番覚えやすい！」と教えていたのは、お客様用のパンフレットを使い倒すというものでした。

パンフレットを一冊「マイパンフレット」にして、自分の言葉で商品の特長を書き込んでいく方法です。

お客様用パンフレットに載っている情報は、一般のお客様向けにわかりやすいように書かれています。そこに新たに学んだことを書き込んで、マイマニュアルにしていく。

書く作業はものを覚える最速の道です。自分の言葉で書き込んでいくことで、より頭の中に入りやすくなります。

アパレルの人は商品台帳をコピーし、そこにあらゆる知識を書き込み、自分の「マイマニュアル」にするといいでしょう。

パンフレットがボロボロになり、書き込むスペースがなくなった頃には、商品について、より深い知識が身についているはずです。

商品の長所を見つける

自分の扱っているひとつの商品について、長所をどのくらい言えますか？　3つ？　それとも4つ？

私は一商品につき、長所は10個以上言えることが大事だと思っています。

たとえばここにひとつのファンデーションがあるとします。次のようなポイントで見てみてください。

- つき
- のび
- もち

●テクスチャー
●香り
●色
●パッケージのデザイン
●容器の使いやすさ
●サイズ
●価格

このくらい多くの観点でみていくと、必ずいいところが見つかります。さらに具体的な長所を見つけるとき、次の二点を考えていきましょう。

1 **商品自体の特長**
2 **使うことによる効果**

洋服の場合で例をあげると、

1　商品自体の特長

- 色が美しい
- 織が特殊で、手織りである
- デザインが変わっている
- シワにならない素材

2　使うことによる効果

- 身につけた感じが軽い
- 手入れがラク
- 身につけると顔が明るく見える
- 他のアイテムと合わせやすく、着回せる
- スタイル良く見せることができる

など、長所は無数に浮かぶはずです。

見つけたら、私はその長所をどうお客様に話すかということを、自分の中で常に訓練していました。

商品の良いところを探し、自分の言葉でどう伝えるかを考えていく作業を続けると、ボキャブラリーや表現力も増えていきます。

言葉が豊かになることで商品も豊かに見えます。

ただし、いくらたくさん長所をわかっていたとしても、その長所をお客様に共感していただけなければ、なんの意味もありません。

私はおすすめするとき、「**あるあるネタ**」を入れるようにしていました。

赤ちゃんをお連れのお客様に、

「赤ちゃんがいらっしゃると、お風呂上りは戦場のように大変ですよね。赤ちゃんに服を着せる間もなく、ハイハイでどこかへ行ってしまうのを、ぬれたまま追いかけたり……。化粧水をゆっくりつけているヒマなんてないでしょうが、このミストなら2、3秒もあればシュッとできます。これだけで乾燥を防げるんですよ」

とご説明すると、「お風呂上りは戦場のように大変」というところで深くうなずいてくださり、おすすめしたミストに興味をもっていただけました。

友人の結婚式があるとおっしゃるお客様に口紅をタッチアップして差し上げながら、

「結婚のプレゼントを差し上げるのでしたら、このリップブラシはいかがですか。良質なリップブラシって実は一生もので、ずーっと使っていただけますから、記念品にぴったりなんですよ」

と言って、「プレゼント用に」何本もリップブラシを売ったものです。

このように、**お客様のライフスタイルを想像し、その状況を考えた上での長所をアピールする**と、共感を呼び、実際に使うシーンを思い浮かべてくださり、買うことに抵抗がなくなるようです。

セールストークにはもうひとつ、

● **自分の体験的な事柄でアピールする**

という方法があります。これはとても説得力があります。

「この香水、私の場合ですけど、つけていると必ずほめられるんですよ」

「このジャケット、私も持っていて、1週間に4回も着てるんです。パンツにもスカートにもワンピースにも合うし、きちんとして見えるから重宝してます」

「私は涙目だからすぐにアイメイクが落ちてしまうのですが、このアイライナーは一日中長持ちするんですよ」

このように、体験談で商品をおすすめするときに大切なのは、真実に基づいていること。**絶対に嘘を言ってはいけません**。

さわって使わせる体験型販売で脳に訴える

耳で聞いた話より、実際に体験したことは、より強く印象に残ります。

私がよくやっていたのは、お客様に商品をお渡しして**自分でメイクしてもらう**という方法でした。

「ハーフメイク」と呼んでいましたが、最初にお客様の利き手と逆の顔を私がメイクし、商品の使い方やメイクの仕方を見本でお見せしてから、もう半分をお客様自身の手でしていただくのです。

「この色はお好きですか？」「メイクが濃くありませんか？」「この商品はこのように使うのですが、使いこなせそうですか？」など、お客様に一つひとつ確認しながら進めていき、仕上がったら「**はい、では次はご自分でどうぞ」と実際にやっていただく**。

フルメイクするときもあれば、眉だけ、目元だけのときもありましたが、体験することで商品の良さを体感してもらうことができます。

アイライナーにしても、「これはスルスル書きやすいアイライナーですよ」と手の甲に描いて見せてもダメ。手は目ではないのですから、実感してもらうにはお客様自身の目で試してもらうのが一番です。

口紅も、最後の仕上げはお客様にお任せしていました。唇の描き方には好みがあるので、私は心持ち小さめに描いておき、口紅をたっぷりつけたリップブラシを渡して、あとはお客様のお好みの形に直していただく。

これだとリップブラシも一緒に体験していただけます。実際に「使いやすい」と言って、口紅とリップブラシを一緒に購入される方も少なくありませんでした。

もちろん、買っていただけないこともありますが、商品の印象は確実にお客様の意識に残ります。脳に訴えることができるからです。

洋服や靴の場合も同じです。

どんどん試着していただく、靴を履いて、お店をぐるぐると歩いていただく、ヘアアクセサリーもつけて差し上げるだけでなく、ご自分で装着していただく。

たとえばスカーフを結んで差し上げたあと、

「もう一度ご自分の手で結んでみてください」

と実際にやってもらい、その場でお客様ご自身が素敵な結び方ができるよう習得してもらって初めて買っていただくといいでしょう。さらに、

「もしも上手に結べなかったら、いつでもいらしてくださいませ」

と送り出すことで、リピートにつながります。

「お得感」が「押し付けられた感」になるとき

お客様にお渡しするサンプルやプレミアムグッズといった販促品、いつもどのように差し上げていますか？

お店の側は〝サービス〟のつもりであっても、もらったお客様全員が喜んでくださるとは限りません。

いくら無料でも、もらって嬉しいものと嬉しくないものがあるのです。

しかも、何が嬉しいかはお客様によってそれぞれ……。

みなさんも、どこかのお店でサンプル品や特典品をもらったとき、「今これをもらっても使わないなあ」「ジャマだなあ」と感じたことはありませんか？

お渡しできるものにいくつか種類があるなら、ぜひお客様に選んでもらってください。サンプル（試供品）も、

「使ってみたいものがあれば、サンプルをお渡しします」

あるいはお渡しできるサンプルを並べて、

「この中で使ってみたいものがあればお持ち帰りください」

とお客様に選んでもらうのもいいでしょう。

また、特典品も、

「いまキャンペーン中でポストカードを差し上げていますが、一緒にお入れしてもよろしいでしょうか？」

とひと言おことわりすると、まったく印象がちがいます。

小さなことで「押し付けられた感」をもたせてしまうのはマイナスです。お客様が使ってみたいもの、試してみたいもの、欲しいものを選んでお持ち帰りいただくことで、押し付けられた感ではなく、お得感を感じてもらえるのです。

あるファストファッションのお店で買い物をした知人が、お会計のとき、「今日はこのストールを無料で差し上げてまーす！」と、有無を言わさず、柄も素材もまったく好みでないストールを紙袋に突っ込まれたといいます。

お店側としては、「特典サービス」なのでしょうが、知人は「在庫処分って感じですごく不快だった。もう二度とあそこでは買い物しない」と怒っていました。

これも事前に、「いま特典でストールを差し上げていますが、いかがですか？」とひと言あったらよかったのです。

「サービス」が、「押し付けられた不快感」になった実例です。

伸び悩んでいる人は、
ひとつでいいから得意な商品を
つくることが、
販売力アップのきっかけとなる。

ニッチなアイテムをスターにしてみよう

ニッチなアイテムとは、新商品や人気商品といったスポットライトがあたる花形の裏で、目立たないけれどいい仕事をしてくれる地味な商品たちのことです。

販売員のときもPRの仕事をしていたときも、こうした、もしかしたら私しか魅力に気がついていないかも!?と思えるような、いわゆる「すき間商品」を売るのが大好きでした。

大好きな商品だから、素直に「これは本当にいいんです！」と思いをこめてすすめることができるのです。これまでいくつかの商品を光の当たらないポジションから一躍スターへ押し上げました。

たとえばクリニークの制汗剤、当時珍しかったポット型のリップグロス、口紅型のシワ伸ばしクリーム……どれも安価なものばかりですが、私の得意商品でした。

なかでもクリニークの制汗剤は、一日中靴を履いての立ち仕事なので、足のムレやにおいをケアできる商品がほしかったところに出会った商品。本来は脇の下につけるものですが、「足に使っても効果がある」というので試してみたところ、本当によく効いたのです。

「これだ！　これは絶対に売らなきゃ！」と惚れこんで、私のイチ押しアイテムになりました。真冬でも、

「これでお座敷デートも怖くない！」というキャッチコピーをつけて紹介し、その結果「足ムレにも効く、ブーツをぬいでも大丈夫」と大人気。押しも押されぬ大スター商品になりました。

埋もれて目立たない商品は、やっぱり自分の好きなものがいいでしょう。その商品に自分だけの「キャッチコピー」をつけてみてください。

アパレルブランドの販売員の智子さんは、たくさんある商品のなかでもストールを売るのが得意だったそう。

「ストールは2万円ぐらいで、洋服に比べたら安い商品。でも、個人的にとても好きな商品で、好きだからこそあらゆる巻き方を研究していました」

お客様が自分の好きな柄を気に入って買ってくださると、本当に嬉しかったといいます。

いいものなのに目立たない商品というのが、みなさんのところにもあると思います。それを発掘しておすすめするのは、お客様にも役立ちます。

また、伸び悩んでいる人は、ひとつでも得意な商品をつくることが、自信につながり、販売力がアップするいいきっかけになります。

練習すればするほど、力がつく

「練習」なんて、スポーツでも習い事でもないのに……と思うかもしれませんが、社会人になっても「練習」は大切です。

とくに「美しいもの」を売る人には、どんどん練習をしてほしいと思います。

洋服やアクセサリーを売る人は、自分で実際につけてみて、アレンジやコーディネイトを試すのが「練習」。

美容部員は、あらゆるメイクにチャレンジするのが「練習」。

一日が終わって洗顔する前の顔、お風呂に入る前の顔は、どんなにメチャクチャにしてもかまわない顔。「どうせ洗う顔」なので、メイクの練習や研究に最適です。

しかもたいていファンデーションは崩れ、肌がてかっているので、効果的な化粧直しの練習もできます。

私も美容部員時代、毎晩のように自分の顔をぐちゃぐちゃに「練習」していました。

太いアイラインを入れてみたり、好みでない色のアイシャドウでグラデーションの入れ方を研究したり、眉毛を太く描いてみたり、いつもとは違う位置にチークを入れてみたり、オーバーリップにしてみたり……。

パウダーファンデーションで仕上げた顔の上に、リキッドファンデーションを重ねたらどうなるか試してみたら、むしろきれいにつくことがわかったり、新たな発見につながったこともあります。

黒、青、赤のアイシャドウやチークを塗りたくったキャンバスのような状態にしてからクレンジングをすると、いつも使っているクレンジングがどのくらいメイクを落としてくれるのか、どのくらいの量がダメで、どのくらいの量ならＯＫかなど、いろいろなこともわかります。

こうした実体験を積んでおくと、商品の長所や短所を知る勉強になりますし、

「私も使ってみたのですが、こうするといいですよ」

「この商品はこのぐらいの量を使うといいですよ」

など、経験に基づいたアドバイスができるようになるので、トークの信頼性が高まります。

洋服もアクセサリーも「着てみて（つけてみて）はじめてわかる」ということが多々あります。

洋服でしたら、ピタピタしている、ウエストがタイト、ラインがきれい、暖かい生地、しわになりやすい、短めのソックスと合わせるとかわいい……。

アクセサリーやカバンは、重たい、取れやすい、着脱が難しい、ブルーのものと合わせるときれいに見える、スカーフを帽子に巻くとかわいい……。

こういう「気づき」は、練習を通してでしか得られません。

インポートブランドで優秀な販売員だった智子さんは、あいている時間に、試着をよくしていた、といいます。インポートブランドは制服があるため、意識的に商品を試着しないと「感覚」として商品を理解できなかったからだそうです。

また、国産アパレルに勤めていた裕子さんは、雑誌に載った自社商品コーディネイトを、すべて切り抜き、スクラップして組み合わせの参考にするノートを作っていたそうです。これも「練習」の一環。

プロのスタイリストが、自社商品を使って誌面でどんなコーディネイトをしているのか、モデルの着こなしの素敵さのヒミツを探ることが、実際の接客で本当に役立ったといいます。

練習する人ほど筋力がついて強くなる、というのは、スポーツの世界でもビジネスの世界でも同じことです。

コラム2

美のコンプレックス

キレイでいられる仕事をしたいと思ったのには、もうひとつ大きな理由があります。母と妹の存在です。

3歳違いの妹は子どもの頃から顔立ちのとてもかわいらしい子でした。後にスカウトされて歌手として芸能界デビュー（しかも女性3人組のセンター）したほどです。二人で街を歩いていると、いろいろな雑誌から「写真を撮らせてください」とよく声をかけられました。でも雑誌に載るのはいつも妹だけ。そんな経験が10回以上あります。

かわいい妹と小さい頃から比べられて、旅館に出入りする芸妓さんや仲居さん、美容室の先生からも、「妹はこんなにかわいいのに、お姉ちゃんのほうは……」と言われ続けていたことは、私の中に美しさへの大きなコンプレックスを生じさせました。

また、母も非常に美しい人だったので、

「みーちゃん（妹）はお母さんに似て、まーちゃん（私）はお父さんに似ちゃったわね」

と会う人すべてに言われていて、いつも深く傷ついていました。

顔立ちの違いをいろいろ言われて落ち込んでいる、そんな私を見て、三味線弾きのおばあちゃんが、よく連れて行ってくれたのが近所の薬局。

「あんたね、女は顔じゃないヨ、心だヨ」と励まし（？）の言葉をかけてくれながら、店頭にあったゾウさんの乗り物に乗せて、なぐさめてくれたのです。

硬貨を入れてもらい、ゾウさんの上でガタガタ動きながらいつも見ていたのが、薬局の中の化粧品売場でした。

そこに勤める店員のお姉さんのなんてきれいなこと！

子ども心に「化粧品会社に入ればきれいになれるんじゃないか」と思うようになり、その頃から漠然と「大人になったら化粧品会社に入ろう」と考えていました。美容部員の仕事を選んだ原体験は、じつはここにあります。

コンプレックスがあったからこそ、「きれいになりたい」という女性たちの切実な思いがよく理解できました。そして、その思いを叶えることが使命と思って、今日まで美容の仕事を続けています。

第3章

愛される接客

女性誌の広告で、
販売と接客の
感性を磨く。

販売員のためのベスト教材は？

接客の要《かなめ》はお客様との会話です。会話をスムーズにするためのコツは、浅くてもいいからいろいろな情報をもっておくこと。

決して深い知識でなくてもかまいません。お客様の話に適切な相槌を打てる程度の情報を知っておくことはとても大切です。

情報源としておすすめしたいのが、まずは文字もの。電車の中吊り広告でも女性週刊誌でも美容情報誌でも、クーポン雑誌でも、新聞でも何でもいいのです。

雑誌の記事や新聞からは、世間で話題になっていること、問題になっていること、流行っていることなどがタイムリーかつ手軽に得られます。広く浅く話の材料を仕入れるのに適しています。

自分の属性、趣味や好みとまったく違う雑誌を読むことも非常に勉強になりますし、お客様との会話が豊かになります。

あなたが、20代独身でポップなファッションが好きだったとしても、50代のミセスで、富裕層を対象とした雑誌を読むと、ふだんプライベートで接することのないカルチャー、願望、お悩みを知ることができます。

しかも何よりいいのが雑誌には広告のページがあること。どのような広告が掲載されているのかを見ていくと、世の中の流行や女性たちの悩みや関心事がひと目でわかります。

たとえば美容整形の広告からわかること

- 女性のコンプレックスのポイント
- 理想の体型や顔、願望

●二重まぶたなどの手術の価格帯

世の中の女性が、何を悩み、どんな願望を持って、それをかなえるためにいくら払えばいいのかを知ることで、販売の感性が磨かれます。

また、あなたのブランドは、どんな雑誌に広告を出しているでしょうか。

雑誌は、

●世代
●年収
●カルチャー、ライフスタイル

などにおいて、しっかりとしたマーケティングを通して作られ、相応の読者をもっています。自分のブランドが広告を出している雑誌を見て、他にどんな商品が載っているのかを知るだけで、お客様のバックグラウンドを想像できます。

たとえば、同じ号に載っているハリーウィンストンの指輪が３０００万円、その次のページにあるフェンディの毛皮のコートが３００万円だとしましょう。３００万円の指輪や３００万円のコートを買える人が、あなたのブランドのターゲットということがわかります。

広告を出していないならば、競合ブランドの広告を追いかけてみてください。

雑誌は語彙《ごい》力や表現力をつける上でもとても有効です。立ち読みでもかまいません。最低でも月に10冊、違ったタイプの雑誌に目を通すようにしましょう。

さらに売り方の勉強になるのがテレビの通販番組です。

テレビショッピングは、見て、さわって、試してもらうという販売のセオリーの逆をいく売り方。

「**試さず、さわらせず**」で売るわけですから、これほど最適な教材はありません。

どんな言葉や表現を使って商品のよさをアピールしているか、どうやって購買意欲を高めているのか、そんな目で通販番組を観てみるのもとても勉強になりますよ。

お客様の言葉に沿う

お客様「青い石のついた指輪がほしいのですが」
販売員「ブルーストーン系ならこちらです」
お客様「肌が乾燥していて……」
販売員「ドライスキンの方には……」

このようにお客様の表現を自分の言葉に言い換えてしまう。意外と無意識にやりがちです。
意味は同じ。間違ってはいません。

でも、相手の言葉を違う言い方で返していくのは心証がよくありません。言葉の言い換えを多用していると、販売員の側はそんなつもりでなくとも、お客様は揚げ足をとられているような心持ちになり、やり取りに不快感を感じてしまいます。

あなたが一生懸命話をしているのに、お客様との会話がはずまなかったり、盛り上がらなかったりしたら、無意識に言葉を換えてしまうクセがないかを振り返ってみてください。仲間内で時々ロールプレイングをして、やり取りを評価してもらうのもいいと思います。

お客様が「青い石」と言ったら「青い石のものですね」、「乾燥肌」と言ったら「乾燥肌の方には」と、お客様の言葉をそのままオウム返しにして、確認しながら話を進めていくことが大切です。お客様側は、「理解してもらっている感」が高まり、会話も盛り上がっていきます。**会話が盛り上がっているときは、売り上げも必ずいいのです**。

また、専門用語や業界用語を並べ立てるのも、好ましくありません。

販売員「このクロップドパンツ、ラインがきれいですよね」
お客様「？？？？」

ファッションに詳しくないお客様でしたら、「クロップドパンツ」と言われてもよくわかりません。

同じく美容に詳しくないお客様に、「コエンザイムＱ10とヒアルロン酸が配合されています」と説明しても商品のよさは伝わりません。

「六分丈のパンツがクロップドパンツといって、今年流行しているのですが」
「細胞レベルから肌を活性化させるコエンザイムＱ10と、高い保湿効果があるヒアルロン酸が」

というふうに、補足説明を入れながらご案内していく必要があります。よくわからない用語を羅列されるのは、聞いてる側からするとてもストレスです。

ワンサービスで、
あなたという存在を
印象づける。

会計後はゴールデンタイム

お財布を出した後のお客様の心理を一言で表わすと「安心感」。売る・買うの心理的攻防戦に決着がつき、売られることへのけん制バリアも解除されている状態ですから、じつは商品を試していただくのに最もよい時間なのです。

この時間を生かすか殺すかで、大きな差が出るゴールデンタイム。

1　**自分を印象付ける**

2　**商品アピール**

3　**再来店をうながす**

この3点は必ず行いましょう。

私がよくやっていたのは、レジに向かう前に、

「こちらは新商品なので、私がレジに行っている間に、よろしければお試しになっていてください」

と言って、新商品のアイシャドウや新色の口紅をつけたリップブラシなど、その方が好みそうな色味のものを、お客様の前に置いておく方法。

「お化粧直しでどうぞ」と、お客様に気軽に新商品を試していただくのです。

洋服やアクセサリーなら、「よかったらつけてみてください」とストールやネックレスをいくつか置いておいたり、「ご覧になってお待ちください」と購入商品と似たテイストやラインのものを置いておくのもひとつの方法です。

接客中は「今日は時間がないから、必要なものだけください」と言うお客様であっても、このやり方なら、会計の待ち時間を使って商品紹介ができます。

すでに会計中なので買わされる心配もないし、「店員さんが戻ってくるまで」というう時間制限もプラスに働き、お客様も気安く、心おきなく試してくれます。「この色いいですね」と追加で購入になるケースも出てきますし、そのときは買ってくださらなくても、次につながる可能性が増えます。

また**自分を印象づけるワンサービス**を、ぜひこのゴールデンタイムに行いましょう。

化粧品なら、「よろしければつけてみてください」とお客様の手にハンドクリームをすっとつけたり、髪が少し乱れている方には、ヘアスプレーでササッとスタイルを直したり。ちょっとした心遣いが伝わってお客様に好印象をもっていただけます。

洋服やアクセサリーなら、

「このお洋服を洗濯機で洗うときは、ネットに入れて弱水流にすると、型崩れしません」

「このタイプの指輪のシルバーは、くすんできたら、重曹や歯磨き粉で磨くとピカピカになりますよ」

などと、**お手入れ情報をひと言添えるのも、立派な「ワンサービス」**。

一つでも多くお客様に「得」を感じてもらうことが、リピートにつながります。

重たいパンフレットやいらないサンプルを渡されたり、「店内をご覧になってお待ちください」とぼんやり言われるより、さりげなくともいいサービスを受けられたほうが、はるかにお客様の心に、「あなたという存在」が残ります。

ヒマそうな店員は敬遠される

美容部員時代に、おもしろい法則を発見しました。

「**忙しくしているときほど、お客様が声をかけてくる**」というものです。

何もしないで立っているときと比べて、品出しや陳列をしていたり、電卓を叩いて決算報告書を作っていたり、やることがあって忙しく動いているときのほうが、「すみません、○○をください」と声をかけられる率が圧倒的に高くなるのです。

トレーナー時代にたくさんのお店を回りましたが、やはり**活気のある売り場が売り上げがいい、というのは、黄金の法則でした**。

「忙しそうにしている人に声をかければ、しつこく商品をすすめられることもないだろう」という心理がお客様に働くのでしょう。

たしかに、店員さんがヒマそうで、みんなが入り口のほうをボーッと見ているような店舗は何となく入りづらさを感じます。

一歩足を踏み入れたが最後、待ってましたとばかりに接客されるのではないかと、ついつい身構えてしまいます。

反対に、中の店員さんが何かしら仕事をしていて、みんな気ぜわしく動いているお店だと、なんの気兼ねもなしに気軽に入っていくことができます。

つまり、お客様に来ていただく、寄ってきてもらうには、ちょこちょこと動いて、何か作業をしていたほうがよいのです。それもニコニコしながら！

しかしいくら「忙しそう」といっても、声をかけづらい雰囲気はＮＧです。

お客様を選ぶなんてとんでもない

私の友人で素晴らしい美容部員の村瀬さんという方がいます。

村瀬さんが銀座の百貨店で働いていたときのこと。ある日、閉店間際にひとりのおじさんが入ってきました。

その姿といえば、化粧品とおおよそ縁がなさそうな「おっちゃん！」という感じ。百貨店に買い物に来るような方にも見えず、化粧品売り場を大量の汗をふきふきキョロキョロしながら歩いているのに、どこの美容部員さんも冷ややかな視線を送るばかり。

村瀬さんも最初は、「なんでこんなオジサンが？」と思ったそうですが、何かを探しているようなのに誰も相手にしないのを見て、「何をお探しですか？」と声をかけたそうです。

その方がクリーム（!?）を探していることがわかり、売れ筋商品である1万円のクリームをご案内したところ「じゃあ、これを50個ください」とのこと！ 聞けばゴルフコンペの景品だというのです。思いがけず高額な売り上げを出せたことはもちろん嬉しかったのですが、去り際に、

「**こんなおっちゃんにも、親切にしてくれてありがと！**」

と言われたのが、心に残っているそうです。

お店に来てくださった方を見た目や格好や外見で判断してはいけない、販売員が勝手に決め付けてはいけない、ましてや対応を変えるなんてもってのほかということを、村瀬さんの話は教えてくれます。

どのような方であっても、**お店に来た方には全員に親切にするのが当たり前**。競合ブランドのショップの場所を聞かれたときも、トイレの場所を聞かれたときも、

とにかく親切に丁寧な対応を心がけましょう。

また、ある百貨店ではクレームでトップに入るのが、

「買った金額によって、客を差別している」

という苦情だそうです。

店員は「そんなつもりはない」と思っても、お客様のほうでもともと気にされているポイントがここ。「私は少額しか買わないから……」という後ろめたさを持つお客様は、非常に多いのです。

少額のお買い物であっても、

「これしか買わないのに親切にしてくれて、いい店員さんだな」

と思って帰っていただくこと。これがリピートにつながることは、言うまでもありません。

「笑顔」は知識より強い

私が接客を受けたとき、心から嬉しくなるのは、応対してくださった方が始めから終わりまでニコニコと笑顔でいるとき。清々しい気分になって、こちらまでニコニコしてしまいます。

販売員にとって、笑顔ほど強力な武器はないと思います。

お客様からも、スタッフからも人気があって、売り上げもピカイチという販売員さんにお会いしたことがあります。一見、雰囲気が地味目で、どちらかというと暗そうで販売員には向いてなさそうに見えたのですが、すぐにピカイチの理由が納得できたのです。とにかく半端ではなく、常にニコニコニコニコしているのです。

その笑顔と接していると、どんどん彼女の話に引き込まれていく自分に気が付きました。「なんて愛嬌があって、チャーミングな人なんだろう」と思わずにいられなくなる。お客様にも仲間にも好かれるのは当然だなと納得しました。

あなたがもし、販売のキャリアが浅くても、スキルや知識に自信がなくても、ニコニコと笑顔を忘れずに一生懸命にやれば、お客様はそれだけで幸せな気持ちになります。

会計のときには、とにかく笑顔でレジまで走っていく。急いでいるお客様でも、そうではない方でも、移動は走る（優雅に走る！）。

相手の懐に入りこむには、「笑顔」と「一生懸命さ」しかないのです。

名前を名乗ることの大切さ

販売員は、自分の名前を覚えてもらわなければ、ご指名で呼んでいただくこともできず、「ファンを増やす接客」ができません。
教育を担当していたときは「まず接客の前に名乗れ」と厳しく言っていました。
それにはふたつの理由があります。

名前を名乗る理由

1　自分という販売員の存在を覚えていただき、再来店・指名接客につなげる
2　責任ある態度で応対するため

「本日担当させていただきます野毛と申します。よろしくお願いします」と名乗った時点で、その方に対して責任ある態度をとらなくてはならなくなります。

そうなのです。名前を名乗れば責任感が生まれます。その責任感が、きちんとした接客や仕事へのモチベーションアップにもつながります。

もちろん、お客様としても、名前を名乗ってもらうと安心感がもてますし、親近感もわきます。

商品をお渡しするときにも、必ず自分の名前をお伝えしましょう。

「わたくし、野毛と申しますけれども、よろしければ次は眉の描き方をお話しさせていただきますので、ぜひいらしてください」

このひと言があるのとないのとでは印象の残り方がまったく違います。

買っていただかなくても、お話ししたお客様には、

「わたくし、野毛と申します。いつも店頭におりますので、またいつでもお試しにいらしてください」

と、必ず名前を名乗って再来店を促してください。

決して他ブランドを否定しない

美容部員のAさんが実際に受けたクレームです。

Aさんは、自社の洗顔料の洗浄力をアピールしたいがために、お客様が使用中のメーカーと比較して説明しました。

Aさんとしては、ただ比べただけで、お客様のご愛用品を誹謗したつもりはなかったのですが、ある日店長に呼ばれてお叱りを受けたのです。

「お客様は、ご自分の愛用品にケチをつけられたと思って、百貨店のご意見箱に名指しでうちのブランドへのクレームが書かれていた」

というのです。

この失敗からわかるのは、

● 他社商品、とくにお客様の愛用品を決して否定してはいけない。

● お客様への説明時には、言葉を慎重に選ぶこと。「そういうつもりで言ったのではない」ことも、受け止められ方で違うものになってしまう。

の2点です。

もしもお客様から、「今使っている○○がいまいち」と他社商品の不満を振られても、決して同調してはいけません。「△△化粧品ってどうなの？」と感想を聞かれても、「申し訳ございません、私にはわかりかねます」とお答えしましょう。もちろんその時は感じよく。冷たい物言いは、不誠実な印象を与えてしまいます。

他社商品との比較は、販売トークでは厳禁ということを、覚えておいてください。

休憩時間はリフレッシュ＆リセットタイム

売り場はステージとお話ししました。緊張感をもって接客するので、休憩中はいったん気持ちを緩め、リフレッシュ＆リセットすることが大切です。

仕事をしていてイヤなこと、落ち込むことがあったとき、気分を一新するために私が実践していたのが、**手を洗う**ことです。

なぜかイライラしているとき、不安なときほど手は汚れやすくなります。

汗をかきやすくなるのでべとべとしていたり、物の出し入れでちょっとした汚れがついて全体的に黒ずんでいたり。

そうした気持ちの悪さも、心のくさくさも一緒に洗い落とす気持ちで、しっかりとハンドソープの泡を立て、手の甲、指の間、爪まわり、手首まで、丁寧に丁寧に洗います。

よくすすいでお気に入りのタオルハンカチで水気をおさえ、仕上げに保湿力の高いハンドクリームを塗りながら軽くマッサージ。こうすると、本当に気分が変わります。手がなめらかで清潔になると、心も気持ちよくなります。

歯磨きもリフレッシュ＆リセットには最適です。休憩時間に丁寧に歯磨きをすると、気分がサッパリとして「さあ、がんばるか！」という気持ちになれました。

リフレッシュ＆リセットの基本は、やはり自分が気持ちがいいこと、ホッとすることをやる。これが一番効き目があります。

ある販売員は、休憩時間にひとりきりになることを大切にしていました。自分だけの時間をもつことで、気持ちの立て直しがはかれるとのこと。

また、ヘアスタイルやメイクを変えて、イメージを変化させることで気分転換をはかっているという販売員さんもいました。

そのほかのリフレッシュ方法

- 好きな香りのボディクリームをつける
- アロマをかいでスッキリ
- 目薬をさす
- 髪の毛をブラッシング
- 髪型やヘアアクセサリーを変える

リフレッシュしてテンションが上がれば、仕事に気持ちも入ります。また自分が元気だと、元気が伝播して周りの人も元気になります。

いつも、いいテンションで売り場に立てるように、自分なりの休憩時間の過ごし方を追求し、リフレッシュ&リセットして売り場に戻りましょう！

プラスを考える前に、マイナスを消す

両親が上京することになり、インターネットでホテルを予約したときのこと。予約ページのコメント欄に、「お誕生日や記念日などをお知らせください」とありました。ちょうど両親の結婚記念日が近かったので書いておいたところ、チェックイン当日、部屋にワインのフルボトルとオリジナルクッキーが用意されていました。

「結婚記念日おめでとうございます、スタッフ一同より」というメッセージカードも添えられていて、両親も私も大感激。

「素敵なサービスだね」と、嬉しい気持ちになって、外の光を入れようとカーテンをバッと開けたときです。一瞬にして、嬉しい、楽しい気持ちが吹き飛んでしまいました。

なんと眼下が全面墓地だったのです。しかも、あるご家族の納骨式の真っ最中……。旅館を営んでいる両親は、「接客業はお互いさま。都会の墓が見られたしよかったよ」と明るく笑い飛ばしていましたが、なんだか、とても残念な気持ちになってしまいました。両親の死を想像してしまい、「あと何回結婚記念日をお祝いできるかな……。反対側の部屋だったらよかったのに」と思ってしまったほど。

カードまで添えて、心温まる素敵なサービスをしてくれたのですから、せめてもう少しの配慮があったら……というのが、そのときの偽らざる感情。

いいと思うことをやる以前に、嫌な思いをさせない、というのがサービスの大前提です。

はじめから最後まで、お客様に心地よさを感じていただく。そのためには、あらゆる気づかいが大事と、つくづく感じた出来事でした。

どうしても、苦手なお客様がいたら……

販売員とお客様も人間同士のお付き合いです。ですから、なかには苦手に感じてしまうお客様もいるでしょう。

販売員が苦手意識を持ちやすいタイプのお客様

- 貫禄ある年上の方
- オシャレでメイクも完璧で、隙のない雰囲気の方
- 豊富な知識をお持ちの方

●まったく美容やファッションに関心がない方

どんなに苦手でも、なかには「いやだな」と感じる方がいらっしゃったとしても、その思いを抱いたまま接客するのはプロとして失格だと思います。

そこで自分なりに考えたのが、

「お客様を自分の彼のお母さんと思う」

という秘策。つまり苦手なお客様ほど、「自分を気に入られたい、好きになってほしい」という気持ちで、接するのです。

彼のお母さんに気に入られるには、どのような話し方や態度がいいでしょうか。きっとニコニコと笑顔を絶やさず、ハキハキと気持ちよく話し、「感じよく」を心がけて接しますよね。

苦手に感じるがゆえにマニュアルどおりの接客しかしないと、いつまでも心を開いていただくことはできませんし、「いい販売員さんに出会えてよかった」と感じてもらうこともできません。

お若いお客様の場合は、「彼のお姉さんや妹」と想定し、やっぱり、「私を好きになってほしい、私を気に入ってほしい」という気持ちで応対させていただいていました。

不思議なことに、そうやって接していると、お客様が私を気に入ってくださり、自分のなかの苦手意識も徐々に消えていきます。

「相手に気に入ってもらいたい」という気持ちをもつことは、苦手意識克服の第一歩です。

美しい言葉づかいが、
あなたの地位を
アップさせてくれる。

「です」「ます」口調は決して崩さない

どれほど親しくなったお客様でも、自分よりはるかに年下の方でも、接客の言葉遣いは「です」「ます」の丁寧語が基本です。

お客様の赤ちゃんをあやすときも、

「ご機嫌いいのね～。よくおしゃべりするのね～」

ではなく、

「ご機嫌よろしいですね～。よくおしゃべりなさいますね～」

でなければいけません。

乳児でも幼児でも高校生でも、お客様はお客様なのです。

若い女性向けのお店ではお客様とも友達口調でOKというところがありますが、販売の世界ではこれは例外です。接客の基本はどの方に対しても「です」「ます」「ございます」。どんなに親しくなっても、ここは超えてはいけない一線です。

礼儀正しい言葉遣いは、信頼感であり、あなたの防具です。

とくに化粧品の場合は、直接皮膚につける衛生商品なので、責任をもっておすすめしていることを伝えるためにも、言葉づかいは多少硬質のほうがお客様も安心と信頼を感じます。

「了解しました」ではなく、「承知いたしました」「かしこまりました」。

×「ごめんなさい」

○「申し訳ございません」

×「すみません」

○「失礼いたしました」

×「お友達、彼氏（友人でもなければ彼でもないかもしれません）」

○「お連れ様」

×「そうなんですね」

○「さようでございますか」

こうした正しい言葉での応対が、信頼の積み重ねになります。さらに、美しい言葉づかいは、必ずあなたの地位をアップさせてくれます。

仲のよいお客様だからと、売り場で友達口調で話していたのを、ほかの販売員が接客していたお客様が不快に思い、「聞き苦しい」とクレームが入ることもありました。

販売員同士の会話も注意してください。

「これって、在庫ないんだっけ？？」
「えー、あともう1個あったと思うよ〜。棚見てみて〜」

「お腹すいた。休憩時間、何時？」
「今日で5日通し、疲れるー」

仲間同士でありがちなやりとりですが、売り場の品性を下げます。**売り場では先輩はもちろん、後輩に話しかけるときも必ず敬語を使うこと**。

敬語に自信がない人は、美しい言葉を使う先輩や上司の言葉をよく聞いて、真似することから始めましょう。

クレーム客を顧客に変える

高級ブランドの販売員の高木さんが、ある日たまたま電話を受けたら、お客様からのクレームでした。

お買い上げのドレスを発送する予定でしたが、こちらのミスでまだ家に届いていないとのこと。

「今日の夜のパーティーに、着て行く予定だったの！」

と非常にお怒りです。

接客を担当した販売員はなんと一日前に退社しており、対応できません。たまたま電話を受けた高木さんがお客様のお宅に新幹線に乗ってお届けに行くことになりました。

自分のミスではなかったけれども、全体責任なので、

「このたびは本当に申し訳ございませんでした。さぞかし◯◯様には、ご心配をおかけしたことと存じます」

と心を込めて誠心誠意お詫びしたところ、

「わざわざありがとう」

と言ってくださったそう。

そしてそのお客様は1カ月後再びご来店くださいました。

「高木さん、います？？」

と、自分を訪ねてくださったそうなのです。

もう二度とご来店いただけないかも知れないと思っていただけに、高木さんは大感激！　きっかけはクレームでしたが、その後も長いお付き合いが続き、高木さんの大切な顧客になったそうです。

クレーム対応の真摯な姿勢で、お客様との関係が好転した例です。

クレームは「金言」です。

自社のことを思ってくだされればこそ、苦言を呈してくださるのです。

「ご指摘いただき、ありがとうございます」

と感謝の気持ちをもって対応するのはもちろん、

「ほかに何かありますでしょうか」

と、ご要望すべてを聞き出す気持ちで対応すると、状況が好転し、お怒りモードがご機嫌モードになっていただけることが多いものです。

顧客づくりで悲劇なのは不満があっても何も言ってくださらず、黙って目の前から去っていくお客様です。そういう方は、必ず周囲へ不満をもらし、悪口を広めることが多いのです。

クレームは確かに落ち込みますが、ひとつ成長したと思って、誠心誠意、心をつくして対応していきましょう。

休日は他社や他店を知るチャンス

私はよく、休日や休暇を使って、他メーカーや他店はどんな売り方をするのかを体験して回りました。

かつて、ある化粧品ブランドに口紅を買いに行ったときのことです。真っ赤な色の口紅をつけてもらったのですが、いつも自分で描いている好みのリップラインと違っていて、内心「うーん……。嫌だなあ、この描き方。なんだか左右アンバランスだし……」と少々不満に思っていました。

その気に入らない思いが私の顔にも出ていたのでしょう。相手の販売員さんが、「この人、私の描き方が気に入らないのね。じゃ、自分で描けば？」と言わんばかりに、「お好きにどうぞ」と、持っていたリップブラシを差し出したのです。

そのとき「あ、これだ！」とひらめくものがありました。

メイクの仕方には、それぞれ好みがあります。だから自分の好きな描き方で、商品を試していただくのが一番。道具を渡して、お客様自身につけていただくといいんじゃないか……。

お客様自身にメイクしていただく「体験型販売」を取り入れるようになったのは、実はこの経験からなのです。これは正解でした。試した商品を買ってくださる方が確実に増えたからです。（お客様にリップブラシを渡すことで、口紅だけでなくリップブラシまで買ってもらえたのは前述したとおり）

また、自社の他店舗にもよく足を運びました。

同じ制服を着て、同じ商品を売っているのに、何か違う。

接客の気づきや売り方のヒントを必ず得ることができました。

海外旅行のときも、空き時間に百貨店、免税店、ドラッグストアをまわり、その国独自の売り方やディスプレイを勉強しました。

足を使うか使わないか、体で感じる経験をしたかどうかは、必ず日々の仕事の中に差となって表れてきます。せっかくの休日を使って損する気持ちになるかもしれませんが、その何倍も仕事に役立つことを得られます。

絶対にやってはいけないこと

「欲しい商品があって来店してくださったのに、ご期待にそえなかったお客様を、絶対ないがしろにしてはダメ！」

私が強く言いたいことです。これだけはやってはいけないと思います。

売り切れてしまった限定品や大人気商品を買いに来られたお客様に対して、

「人気がある商品ですから、すぐに完売してしまいました」

「予約の時点でいっぱいになっちゃいました」

と**なぜか自慢げに言う店員さんの多いこと！**

このときのお客様の気持ちを追ってみると、

●商品を買うことを楽しみに、ウキウキした気持ちでご来店

↓

●商品が手に入らず、非常に残念

↓

●さらに店員にいばられ、非常に不愉快

↓

●もう二度とこのお店で買わない

「残念、がっかり」というネガティブな思いを味わわせてしまったお客様ほど、その後のフォローが鍵を握ります。

まず「せっかく来ていただいたのに、申し訳ありません」と、心から謝り、まだ在庫の残っていそうな店舗を探したり、できる限りの対応をしましょう。

自分のお店の売り上げにはつながらなくとも、こうした対応はお客様に感謝され、喜ばれます。さらに他店まで買いに行くという方には、そこでまたご足労をおかけするわけですから、

「わざわざ来てくださったのに申し訳ありません。ご足労をおかけしてしまいますので、よろしければこれを使ってみてください」

とお詫びとして何かサンプルや特典品をお渡しするのもひとつの方法です。

がっかりされているお客様を、絶対その気持ちのまま帰さない。

こういう強い意志を持って接客すれば、お求めの商品がなくとも、最後には笑顔でお帰りいただくことができるはずです。

「欲しかった物は買えなかったけど、来てよかった」

と思わせるのは、あなたの接客次第なのです。

販売員が聞き上手で
あればあるほど、
売り上げもいい。

お客様に多く話していただく

販売員さんたちの悩みでよく耳にするのが、

「お客様の反応が鈍く、セールストークが空回りして困ってしまう」

というもの。

販売する側にすると、商品の良さはたくさん伝えたいというのが心情です。

でも、一方的に伝えるだけでは、お客様の気持ちを引きつけることはできません。

お客様が話を聞いてくれない理由の最たるものは、話が一方通行だからなのです。

いくら説明上手でも、一方通行の話では、まったく意味はないのです。

では、どうしたらいいのでしょうか？

「**伝えたいことがひとつあるときは、お客様に二つ話していただきましょう**」というのが私からのアドバイスです。

お客様から二言しゃべってもらって、こちらがひと言伝える。この会話のリズムを心がけると、お客様との会話がスムーズになります。

お客様に二言しゃべっていただくには、

「このところ急に寒くなりましたが、お肌は乾燥しませんか？」

「前回お買い求めいただいた商品はいかがでしたか？」

「この色とこの色、どちらがお好きですか？」

など具体的な感想や意見が聞ける質問をすることがポイントです。

お客様の答えを受けて、こちらが少しだけ話すという会話を心がけると、必ず会話は盛り上がります。

会話が盛り上がっている接客は、必ず売り上げがいい、と前述しました。

優秀な販売員の会話内容をよく聞いていると、**話しているのはほとんどお客様。**

販売員は質問上手で、「なるほど」「さようでございますか」「そのときどうなさったのですか？」など、心地よい「合いの手」を入れているのです。

「何かお探しですか？」は大きなプレッシャー

お客様がお店に入って来られて、商品をいろいろとながめている。このようなとき日頃どのように対応しているでしょうか。

「商品を見ているだけなのね」と思い、声もかけずに放っておくのはもちろんダメです。欲しいものがあっても帰ってしまう、いわゆる「売り逃し」をしてしまいます。だからといって、すぐさま近づいていって、

×「**何かお探しですか**？」

と顔をのぞき込みながら聞いたり、ボーダーの服を見ているからと言って、

×「**ボーダーお好きなんですか？**」

と話しかけるのはNGです。

「何かお探しですか？」「○○お好きなんですか？」は、お客様に答えを求める質問で、お客様からすると「わずらわしい」「応えるのが面倒ください」のです。

近づいて声をかける際のベストフレーズは、

「**何かありましたら、お声をかけてくださいね。どうぞゆっくりご覧ください**」

それだけ言って、お客様のそばから離れ、何かあったときに声をかけやすい場所にさりげなく立つことです。

英語には「May I help you?」といういい言葉があります。「いらっしゃいませ」と訳されますが、直訳は「なにかお手伝いすることがありますか？」といった意味です。これにお客様が「Just looking now」（見ているだけです）と答えたら、あとは放っておいてくれるのが海外の店員さん。

日本のお客様はどうしても、

「買わなきゃ悪い」と思ってしまうので、「何かお探しですか？」という何気ないひと言がプレッシャーになってしまいます。

販売員さんの中には、離れたところに立ちながらお客様をジッと目で追っている方もいるのですが、これもやめましょう。「いつ呼ばれてもいいように」「すぐに駆けつけられるように」との気持ちからであっても、お客様には不快です。

お客様の悩みを、決して肯定しない

お客様が気にしていること、悩んでいることを口にしたとき、「そうですね」「ホントですね」なんて素直に肯定してしまうのは最悪の接客です。

お客様に、

「シミがたくさんあって、それが悩みなの」と言われたとき、

「たしかにシミが目立ちますね」なんて応対するのはＮＧ！

そんなストレートな言い方でなくても、

「ヒップが大きいから、こういう短い丈のものは嫌なのよね」

「私、足のサイズが大きいでしょ。靴探しは苦労するの」

「目が小さいから目がパッチリ見えるアイシャドウがほしいの」

など、**会話の中でさりげなく出てきたお客様のマイナス要素についても、絶対に肯定してはいけません**。悩んでいる、気にしているとおっしゃらなくても、お客様は悩んでいるし、気にしているのです。

「お客様のように下半身の大きい方は……」

「お客様のように目の小さい方は……」

も、もちろんＮＧ。

まずは、

「そんなことはありませんよ」

「もっと○○な方も大勢いらっしゃいますよ」

「お客様は大丈夫ですよ」

と打ち消しの言葉で返します。そのうえで、

「もしも○○が気になるようでしたら」「お客様が○○と思われるのでしたら」

という枕詞を必ずつけてから、

「こういうふうにすると、このように見えますよ」

「この商品は、このように見せてくれますよ」

と、悩みを踏まえたうえでのご提案をしていきましょう。


よくある失敗例は、次のような対応です。

お客様「おしりが大きいのが本当に嫌で気になるの」
販売員「グラマーでいいじゃないですか！　とっても魅力的です。セクシーです」
これは、お客様のマイナス要素を肯定してしまっています。
マイナス要素は必ず否定すること。ただし、お客様が口にされた悩みから、真のニーズを引き出すのが販売のプロです。

お財布をジロジロ見ないこと

お客様がポイントカードを探したり、お金を取り出しているとき、みなさんの視線はどこに向いていますか？

私自身が買い物で経験することですが、私が何かを取り出しているとき、その手元をジッと見つめられることほど居心地の悪いものはありません。

「モタモタしていないで、早く出してくれないかしら」

「お財布は立派なのに、お金はあまり入っていないのね」

「わあ、中身が全然整理されてない。だらしない人なのかしら」

思い過ごしにしても、そんなふうに思われているのではないかと邪推してしまい、不快感を感じます。

しかしながら、お財布をジッと見つめる販売員の実に多いこと！

ポイントカードを探している、お金を取り出している、受け取ったお釣りをしまっている、その過程でお客様の手元に視線をやらないことは販売員としてのマナーであり、ルールです。その間は伝票を記入する、商品を袋にお入れするなどして、お客様に余計な心理的な負担を与えないよう心配りをしましょう。

そしてお札をお渡しするときは、絵柄の向きをそろえて渡し、**お客様のお金をことさら丁寧に取り扱うことは基本中の基本です**。

壁の乗り越え方

先行きが見えない、売り上げが伸び悩んでいる、仕事に面白みを見出せない。どんなに優秀な販売員でもこういったマンネリズムの壁にぶつかります。その壁を打ち破るには、何でもいいから、自分の中で何かひとつ目標をもつこと。目標は、

- **具体的な数字を入れる**
- **自分の得意な部分を伸ばすラインで考える**

といいでしょう。

私が目標として設定したのは、売り上げではなく戻り率。リピートのお客様をもっと増やしていくことでした。具体的にはひと月以内に30名のお客様を戻すことを、

自分なりの目標に据えたのです。

小さな目標例

- 1日◯人、試着していただく
- 1日◯人、カウンセリングメイクする
- このコートを1カ月で◯着売る
- 1週間に◯人のお客様に自分の名前を覚えてもらう接客をする
- 1週間に◯回、「ありがとう」という言葉を、お客様から引き出す

まずは「自分が一番得意とする部分はどこだろう」という視点で、自分自身を見つめ直してみましょう。

「これだけは人に負けたくないな」と思えるもの、「ここを伸ばしていこう」と思

える部分がきっとあるはずです。

その際あまりにも目標が高すぎるのはNG。徐々にクリアしていって自信につなげていくことがポイントです。

販売の仕事は新陳代謝がつきもの。3〜4年サイクルで人の入れ替えが生じて、サブやチーフになったり、他店に異動になったり、働く環境が変わる可能性があります。それが新たな意欲、新たなモチベーションを生んでくれます。

何かしら工夫してモチベーションをアップさせ、目の前の仕事を乗り切っていく中で、転機が訪れることもあるからです。

ひとつの小さな目標を立て、それを乗り越えた人だけに、また次の課題が見えてきます。その繰り返しを続けていると、手には大きな財産が残っているはずです。

コラム3

すべてのはじまりは「販売」

私はクリニークという外資系の企業で念願の美容部員になり、教育トレーナーを経て、最後は広報PRの仕事につきました。クリニークを退職した後は、独立して会社をつくり、新しいコスメブランドの立ち上げとPRの仕事を経験し、現在はビューティー・コメンテーターをしています。

ジャーナリストとして美容や商品を語るプロは世の中にたくさんいます。その中にあって、もし私の強みをひとつ挙げるとしたら、「消費者目線で化粧品のニーズを語れる」ことでしょう。

会社やメーカーが情報発信する相手は消費者です。その消費者に一番近い場所にいたこと、すなわち販売を経験していたことが、誰にも負けない私の自信であり、キャリアの基礎になっているのです。

販売経験があると、口から出る言葉にこもっている実感も違います。

商品をおすすめするときも、「お客様の大事なお金」と引き換えに買っていただくのですから、責任もって説得力ある言葉でおすすめする訓練ができているのです。

そもそも販売経験があることは対人関係においても有利です。

子どもの頃、父がよく、

「いくらどんなに勉強ができて、いい学校を出ていても、〝こんにちは〟ひとつ言えない人間はダメだ」

と口にしていましたが、どんな仕事も、人間対人間。

「いらっしゃいませ」とニッコリしてお客様と目を合わせることができる。こうした接客スキルが身についていることは、対人関係の基礎ができているということで、大きな強み。

また、もしもあなたが将来的に、商品ＰＲやプレスの仕事、マーケティング、営業、開発、またはコメンテーターやスタイリスト、デザイナー、商品クリエイターを目指しているなら、いまの販売員としての経験が必ず役に立ちます。

ものを売る現場を体で経験するからこそ、独自の着眼点も生まれ、付加価値をつくりだす力もついてくるのですから。

第4章

仲間と仲良くできていますか？

売り上げを上げるために
いちばん大切なのは、
仲間と仲良くすること。

売れない理由は、店内の人間関係にあり

かつてアパレルブランドに勤めていた裕子さんの話です。

「ものすごく売り上げ重視の店長で、実際に自分もすごく売る人だったんです。そのせいか伸び悩んでいる後輩にすごく冷たくて、指導するどころか、

『なんで売れないの？』

とプレッシャーをかけるばかり。副店長と二人で後輩の陰口を言って、

『売れない子は早く辞めてほしい』

とばかりの態度。販売の仕事自体は大好きなのに、売り場の人間関係がつらくて

つらくて……

結局、私もその後輩も辞めてしまい、お店自体も百貨店から撤退しました」

このような人間関係の悩みを抱える販売員さんは、たくさんいるのではないでしょうか。

私は、いま講師として全国の販売員さん向けに研修や講演をするお仕事もしています。生徒さんによく、「販売の仕事でいちばん大切なことはなんですか？」「売り上げを上げるために何をすればいいですか？」と聞かれるのですが、私の答えは決まって、

「仲間と仲良くしてください！」

というもの。

仲間と仲良くすることが、売り上げにもっとも関係があると、本気で思っているからです。

みなさん一同に、「えっ？　そんなこと？　売り方とか接客方法じゃないの？」とぽかんとされます。

この章では、一番悩みが深く、解決が難しい、でも大切な売り場の人間関係についてふれていきたいと思います。

私はかつて、あらゆる地域のあらゆる売り場をまわっていました。また、様々な売り場の店長さんから売り上げについての相談を受けることもあります。

売れない店は原因が共通しています。スタッフ同士の仲が悪いのです。

店長に問題があったり、スタッフの中に派閥があっていがみ合っていたり、理由はさまざまですが、お店の中の人間関係に問題があるところは間違いなく雰囲気がギスギスしていたり、販売員さんに笑顔がなく、空気感がまったく違うのです。

さらに、そうした店舗はお店全体も乱雑です。掃除が行き届いていない、テスターが汚い、販売員の制服が汚い、肌荒れしている人が多い、身だしなみが乱れている、接客がおざなり……。

人間関係の不満が大元となっているので、販売員にやる気が生まれず、結果として見える部分にも出てきてしまうのでしょう。全体的に冷たいムードで、接客も機械的。自動販売機のような店舗になってしまうのです。

そのため居心地の悪さをお客様に感じさせてしまう。そんな店舗には足を運びたくありませんから、当然お客様の数は減り、売り上げも下がっていきます。

お店には3種類の立場の人間が働いています。

1　店長

2　中堅販売員（サブ）

3　新人販売員

その三者がそれぞれの役割を果たし、協力し合ってはじめて商品が売れるのです。

これから、立場別のアドバイスをしていきたいと思います。

店長の心得

クリニークの教育トレーナー時代に出会った最高の店長が、神奈川県の百貨店にある売り場の店長。当時50代で、その下で働く販売員はみんな20代でした。

その店長が言ったセリフが今でも忘れられません。

「うちのスタッフはみんなよそのお家から預かった大切なお嬢さん。このお嬢さん達を一人前にするのが私の仕事なのよ」

店長は、自分の娘に接するようにすべての販売員を愛情豊かに指導していました。

いつ行っても売り場は清潔で、みんな笑顔を絶やさず、感じのいい接客。売り上げも、派手さはないものの、バランスよく安定して伸びていました。

販売員同士も仲がよく、みんな店長のことが大好き。悪口や不満を聞いたことが

ありませんし、よくまとまっていた最高の売り場でした。それもすべて、店長の、

「部下を大切にしなくてはいけない」

という、愛のある指導の賜物だったと思います。

私も店長の考えに感動して、トレーニングをしながら、こんなことを考えました。

「この人にはどんな家族がいるんだろう」

地方から出てきて一人暮らしをしながら頑張っている人、親に仕送りをしている人、シングルマザーで子育てをしながら懸命に働いている人……それぞれの販売員さんにいろんなバックグラウンドがありました。それを知るにつれて、やはり私も、彼女たちへの愛情が増していき、

「少なくとも、人間関係が原因で辞めることのないように、心をこめて指導しよう」

という強い思いがわきました。

何をもってもとにかく愛です。すべての部下を大切に思う気持ち。ここが店長のスタート地点です。

店長職は大変な仕事です。売り上げへのプレッシャーもあるし、本社とのやりとり、シフト組みなどの管理業務、部下の育成……重要な仕事を抱え、気の休まるときがありません。

さらに、やる気がない、仕事ができない、気がきかない部下を持ったとしたら、相当なストレスを感じることでしょう。

でも、自分の部下は、会社が、

「あなたなら育ててくれるだろう」

と思って配属した人たちです。

どんな部下も、「大切にしなくてはならない財産」なのです。

とはいっても甘やかせばいいというわけではありません。家族が増えたと思って愛をもって指導すればいいのです。

そうすれば、部下の能力が伸びるだけでなく、必ずあなた自身のストレスも軽くなっていくはずです。

部下や後輩の
「家族」を想像してみる。

個人売り上げナンバーワンを目指すよりも大事なこと

販売店の店長は自ら接客・販売して売り上げを出し、なおかつ人を管理・育成（マネージメント）するのが役割です。

ところが売り上げの悪い店舗の店長は、部下の育成がおろそか。

売り上げの悪い店の店長の共通点

- 売り上げ重視
- 店長自らバリバリ売り上げをつくる「売る人」

●店長が休まない
●部下を育てない
●部下に感謝しない

私は、店長が個人売り上げナンバーワンを目指す必要はないと思います。

自分の売り上げよりも、部下一人ひとりの指導をきちんとして、励まし勇気づけコーチする。

自分の偏差値を上げることよりも、お店全体の偏差値を上げ、さらにみんなが幸せに楽しく働ける職場づくりをすることが、何よりも大切です。

スタッフ同士に問題があれば、スタッフ面談を行って不満を吐き出してもらう、自分とスタッフとの関係に問題がありそうなら、本社の営業担当に間に入ってもらうなど、ガス抜きを兼ねて話をすることが必要です。

もちろん売り上げも人間関係もすべてパーフェクトなら「最高！」ですが、**売**

り上げと部下の育成、どちらをとるかといえば、目先の売り上げを後回しにしても、部下の指導と売り場の人間関係の改善を優先したほうがいいと思います。

仲間内の人間関係が円滑であってこそ、お客様とよい関係を築けるのです。

お店を預かる立場にある人が、真っ先に目を配ってほしいのは、数字ではなく人間関係。トレーナーとして、苦戦している店舗をたくさん見てきたからこそ、そう思います。

大事な大事な呼び名の話

販売の世界で、とてもよく耳にする後輩の呼び名に「下の子」があります。

実は私は、この「下の子」という言葉が大嫌いです。自分では絶対に使わないようにしています。

そもそも何をもってして下なのでしょうか。

年数？　キャリア？　知識？　職位？

年数であれば「後輩」と言えばいいし、キャリアや知識が上か下かは自分が判断できるものではありません。

〝下〟にさらに〝子〟をつけて呼ぶ呼び方は、いかにも相手を見下したように聞こえます。**「新人ちゃん」も同様です**。そう呼ぶ人はきっと自分が新入社員の頃、先輩からそう呼ばれていたから、後輩ができた今、そう呼んでいるだけなのかもしれません。

でも美しいものを扱っているのですから、見下したようなニュアンスを感じさせる美しくない言い方は、日頃から使わないよう習慣づけていただきたい。

基本的には山田さん、鈴木さんなど、さんづけの個人名で呼ぶのが一番。「下の子たちに伝えておいて」ではなく、「山田さんたちに伝えておいて」でよいのです。役職をつけて呼ぶのと同様、個人名できちんと呼ぶことで、その人の中に責任感やプライドが生まれてくるものです。

名前で呼ばれることで、「任されているのは自分」「注意されているのは自分」といった自意識も高まります。

仲間内であっても個人で認め合う。そうした尊敬の精神が行き渡っていることは、お客様と接する際に、売り場の品性となって伝わるのです。

「下には慕われ、上には当てにされ」の教え

旅館を営んでいた父は、幼い私にことあるごとに、

「**座持ちをよくしなさい**」

と言ってしつけました。

「どんなときも、周りに気を配って、そこにいる人がみんな気持ちよくいられるように尽くすことが大切だ」という教えです。

この「座持ちをよくする」教えのせいか、私のなかには、自我を出し、自己を満足させることよりも、人に喜ばれ評価されることを、自らの喜びと思う価値観が根づいています。これは販売・接客をやる上で、非常に助けになりました。

父からはまた、

「『下には慕われ、上には当てにされ』を心がけること」

と教えられました。この「下には慕われ、上には当てにされ」という教訓は、店長でも新人社員でもない、お店で中堅の立場にいる方に心にとめておいていただきたいと思います。

中堅販売員の役割

●「店長が留守を任せられる」仕事能力
●店長のサポート
●後輩のサポート

中堅販売員に大切なのは「バランス感覚」。売り場の雰囲気を見ながら、上下両方に気配りしていかなければなりません。

前に紹介したスックの平野美穂子さんがチーフだったとき、サブとしてサポートしていたのが、現在、イベント担当として全国を飛び回っている営業の宮地歩さん。彼女は店長である平野さんを助けるのと同時に、後輩のフォローを心がけていたといいます。

「店長という立場は、やはり厳しいことも言わなければいけません。『嫌われてもしょうがない、言うことは言わなくては』という平野の姿勢を支持していたので、自分はそのフォローに回ろうと思っていました。よく、叱られて落ち込んでいる後輩をランチやお茶に誘ったりしてましたね」

店長と副店長が、こういう協力関係にある売り場は、理想的です。多くの場合、**売り上げが悪い店舗は、店長と副店長の仲が悪いものなのです。**

売り場の雰囲気は、たいてい店長で決まります。

ただし、売り上げ重視で部下の育成を怠る店長で、売り場の雰囲気が悪かったとしても、中堅販売員の働き方で、全体の雰囲気を変えることはできるのです。

たった一人で、全体の雰囲気を変えるためには

- いつも朗らかに陽気にふるまう
- 仲間同士の悪口に乗らない

● 愚痴、不満を言わない、顔に出さない
● ニュートラルな立場を貫く
● 身だしなみを整え、清潔感を常にキープ
● 売り場の整理整頓に努める
● 一生懸命、全力投球で仕事する

部下や上司に直接働きかけなくても、このようなことを心がけていれば、まず、後輩に慕われ、尊敬されます。上司にも信用されます。

あなたの働き方で、職場の価値観が少しずつ変わっていくはずなのです。

給料の話と悪口は、するだけ自分に跳ね返る

いろいろな人がひとつの職場に集まっていると、必ず誰かに対する不満が出てきます。これはもう、人間である以上仕方のないこと。私も販売員時代、上司や先輩に対する不満をよく口にしていました。

でも、その不満を文句や悪口で晴らしても、決していいことはありませんでした。そのことは身をもって実感しています。

人の悪口は、たいていの場合、職場の雰囲気を悪くします。陰で言っていたとしても、必ず本人に「悪口を言っている雰囲気」は伝わってしまうものです。

絶対にしてはいけないのが、後輩と一緒に上司の悪口を言ったり、会社批判をす

ること。

同じような時期に入社し、同じような経験をしてきて、同じような不満を分かち合える同期の人たちと言い合う分にはまだいいのです。でも悪口を言う相手はここで留めておくべき。

後輩に悪口や会社批判を聞かせるのは、清い水を悪い水で染めるようなものです。先輩である自分の不満がたれ流されていては、後輩たちのやる気や意欲を低下させ、職場の雰囲気がますます悪くなって、結局自分にも跳ね返ってきます。

また、給料の話も決して口に出してはいけません。

相手より額が上でも下でも、絶対に後々の人間関係に嫌なものを生みます。

給与が年齢給だった場合、あとから入ってきた自分のほうが、年下の先輩より給与が上ということもあります。

それでなくともお金が絡むことは、いらぬ妬みやそねみを招きがち。さわらぬ神になんとやらで、触れなくてよいことは触れないほうが賢明です。

新人販売員のあなたへ

販売の仕事は、入る前と入ってからのギャップが大きいと言われます。

外からは、大好きな商品に囲まれて仕事ができる華やかで楽しそうな職種に見えますが、内実は大変なこともいっぱい。

バックヤードはコンテナや台車やダンボールが山積みの倉庫状態ですし、販売は接客だけが仕事ではありません。商品を出して、仕分けて、並べたり、重いダンボール箱を運んだりといった力仕事もあります。

とくに新人社員は、販売・接客以外の仕事を担当することが多いのです。

先ほど言った力仕事や売り場のお掃除、整理整頓など、要は「雑用」です。でも私は、「下の子」と同じくらいこの「雑用」という言葉が大嫌い！　**なぜなら「雑用」**

と呼ばれる仕事こそ、売り場を底支えする大事な仕事だと思うからです。

つまらなくても大事なこれらの仕事を、新人社員は、率先して一生懸命臨んでほしいのです。なぜなら、新人社員にとって、いちばん大事なのは、

「**先輩にかわいがられること**」。

地味な仕事を懸命にやっていれば、必ず先輩から評価されます。その評価が、いろんなことを教えてもらったり、仕事を任されることにつながっていきます。

いくらあなたが、

「私のほうが売れる。私のほうが接客がうまい」

「せっかく学校で身につけた技術を早く試したい」

と思っていても、仕事を任されないことには始まりません。

また、憧れて販売員になったのに、辞めてしまう人のほとんどが、最初のつまずきで挫折感を覚えます。

私の経験上、「3の法則」というものがあります。

3の法則

売り場に立って3時間もった人は3日乗り越えられる。

3日いられる人は3週間いられる。

3週間いられる人は3カ月いられる。

3カ月いられたら3年いられる。


とにかくまずは3という単位をひとつの目安に頑張ってほしいのです。

3年ガマンできたら、もう3年ガマンできます。

そのうち、キャリアを重ね、いろいろなことを乗り越えていく力も身についていき、素晴らしい販売員になることができるのです。

礼儀と敬語は自分の身を守ってくれる防具

どんなに仲がよくても先輩には敬語を使いましょう。

たかが言葉と侮るなかれ。敬語を守り通すことが、トラブルから自分を守ってくれることになるのです。

職場には、自分より年下の先輩や上司もいるでしょう。先輩の年齢が自分よりも下という状況は、非常にやりにくいかもしれません。

新入社員としてクリニークに入り、最初の店舗に配属されたとき、私がまず言われたのは、「××さんはあなたより2歳年下だけど、あなたより1カ月早くこの仕事についている。だから敬語で話しなさい」でした。

学校と違って、職場では年齢ではなく、入った時期が先輩・後輩を分けます。たとえ年下であっても、入った時期が数カ月しか違わなくても、組織の中で働く以上は先に入った人が先輩です。

加えて「年上の後輩」にも敬語で話すこと。そもそも年長者には人生経験も誇りもあるのですから、きちんと敬うことは当然です。

フレンドリーなくだけた言葉で話しかけられても、つられてくだけた言葉を使ったり、「～してくださいよぉ」など甘えた言い方をするのはダメです。

また、どんなに仕事ができない（ハッキリいうと、周囲から馬鹿にされているような）先輩であっても、尊敬した言葉づかいと態度を貫いてください。あなたの品性のためです。

職場において上下関係を守るのは組織のルール。上下関係を大事にし、敬語で礼儀正しく接するということは、不要な人間関係のトラブルから自分の身を守ることにもつながるのです。

同様に、挨拶も大切です。**まずは自分から進んで挨拶をすることが何よりも大事です**。

もしも「おはようございます」と言って無視をされたら、もう一度「おはようございます」と声をかけましょう。しっかり顔を見て二度挨拶をすれば、大半の人は挨拶を返してくれます。

絶対に挨拶を返してくれない人に対しても、「言っても挨拶してくれないから」と思わず、毎日声だけはかけ続けましょう。挨拶が返ってくる・こないより、自分から毎日声をかけるという行動そのものが重要なのです。

挨拶をしない人より、きちんと挨拶し、礼儀正しさを保てるあなたのほうが、**仕事人として一流**です。

たかが挨拶ですが、そのプロ意識が、必ず仲間うちの尊敬につながり、売り場にも影響してくるものなのです。

叱るは愛情、怒るは感情

これは私がまだ23歳の若輩者だったときの経験です。

ある日の夕礼で、マネージャーからひどく怒られたことがありました。内容はよく覚えていませんが、みんなの前で名指しで注意されたのです。

そのとき、私は納得できない気持ちでいっぱい。スタッフ全員の前でさらし者になったのですから。

その鬱憤《うっぷん》を同僚とマネージャーの悪口を言い合うことで晴らしていたのですが、みんなから「ほんとにそうだよね、あんな言い方ヒドいよね」と同情されるほど、「やっぱり私のしたことは間違ってなんかいない」と、ますます納得いかない気持ちがエスカレート。

これはひと言もの申さねば気がすまんと思い、マネージャーに直接「あれは納得がいかない。少なくとも全員の前であんなふうに怒ることはないじゃないか」と食ってかかったのです。そのときに言われた言葉は今でも忘れられません。

「待ってちょうだい。あなたは〝怒った〟と言うけれど、**私は怒ったのではありません。〝叱った〟んです。叱るは愛情なの。怒るは感情。その違い、わかる?**」

「あなたに伸びてほしいと思ったから叱ったんです。みんなの前で叱ったのは、ほかの人に同じことをしてほしくなかったからなのよ」

こう言われてストーンと胸に落ち、自分の青さと愚かさを猛省しました。

怒ると叱るは似て非なるもの。それを教わったことは、私のひとつの財産となっています。

上の立場にある人は、「怒る」と「叱る」の区別をもっていなければいけないと思います。カッときたり、苦々しく思うことがあったとき、その感情のままに注意するのは〝怒る〟です。感情のままに怒れば、相手もまた感情的になり、心理的な溝をつくってしまいます。

だから「**あなたに成長してほしい。そのためにはこうしてほしい**」が伝わるように言葉を補足して注意しなければならないのです。それが〝叱る〟です。

注意された側も、気持ちとしてはおもしろくないでしょう。落ち込むこともあるでしょう。でもそれは自分のためを思って叱ってくれたことかもしれません。

直談判で食ってかかったとき、最後に「ごめんなさい」と謝った私に対して、マネージャーは「〝ごめんなさい〟じゃないでしょ。ごめんなさいは家族に言いなさい。上司、先輩、お客様に対しては〝申し訳ございません〟ですよ。これが正しい販売員の言葉！」と、さらにお小言で教えてくれました。

怖い人、厳しい人は自分を育ててくれる人、知らないことやできないことを教えてくれる人。叱りんぼうの上司や先輩はありがたい存在なのです。

「人の振り見て
わが振りに生かせ」。
苦手な人こそ
「学びの意識」で接すること。

後輩や部下から、学ぶ

あなたがもしも、上の立場だったとしても、後輩や部下から学ぶ姿勢を保ち続けてほしい。そういう人は必ずよい店長、よい販売員になって成長を続けていきます。

前述した「一生懸命さが伝わるから、笑顔でレジに走っていく姿を見せなさい」というのも、実は新人社員から教わったこと。

トレーナーをしているとき、入ったばかりの若い美容部員さんが、「お客様が急いでいるとおっしゃるので」と言いながら小走りにレジに走っていく姿を見て、「これって大切だなぁ」と実感したことが背景になっているのです。

人から学べることは、実はいっぱいあります。

たとえばお客様からは思いもよらない商品の使い方を教えてもらうことも。

ある美容部員さんは、目元周りのシワを伸ばすポイントケア商品を口元の法令線に使ってみたらとてもよかったとお客様が教えてくれ、自分で試してみたところ、たしかに効果があったそう。

売りにくくて苦手な商品だったのに、この話を聞いたことでトークの材料が増えて、苦手意識が薄まったうえ、他のお客様にも喜ばれたそうです。

「人の振り見てわが振り直せ」という言い方をしますが、**「人の振り見てわが振りに生かせ」も大事なこと**。

後輩でも、お客様でも、どんな人でも「これはいいな」と思ったことは、ぜひどんどん取り入れていきましょう。

この「学び」の気持ちは、苦手な人に対してこそもってください。

どんなに嫌な上司だったとしても、必ず学べるところはあります。「嫌な奴だからこそ、学べることはすべて学ぼう」と思って接していると、必ずその人を越え、新たなステージに行けるはずです。

評価の軸を増やす

もしあなたが店長だったら、評価のポイントをいくつか設けることを念頭においてください。

評価の軸

- 売り上げ
- 顧客数（リピート率）
- 総接客数
- サービスの数（試着への促し、タッチアップ）

● 指名率
● お客様からのサンキューレターの数
● 売り場環境へのサポート（掃除、陳列、整理整頓）
● 人柄（感じのよさ）
● 商品知識

スタッフのモチベーションを上げるには、売り上げだけで見るのではなく、いろいろな部分をきちんと評価してほしいものです。

私も、売り上げだけで評価されていたら、どこかの時点でやる気を失い、仕事をやめていたかもしれません。

今の私がいるのは、顧客定着率の高さを評価してもらい、それがモチベーションにつながったからです。そこに自分の存在意義を見出すことができて、ますますリピートのお客様を増やそうと頑張ることができました。

人を育てるうえでは、必要とされている、役に立っているという思いをいかに実感させられるかが大事です。自ら売って見せて販売の仕方を教えていくことも大切ですが、やる気や意欲を高めることも、人を育てる立場にある人の務めです。

スックの宮地さんはサブリーダーをしていたとき、店舗独自のコンテストを実施し、3位までの入賞者には、ささやかな賞品を渡してスタッフのやる気を育んでいたそうです。

表彰する項目は、

- 接客が上手だった
- 仲間のフォローをがんばった
- 新しい顧客を開拓した
- 商品の説明がうまかった

などさまざま。

「**お店の売り上げは、特定の人の成果ではなくスタッフ全員の成果なんです**。重いダンボールを運んで商品を品出ししたり、商品を整えたり、掃除をしたり、全員が何らかの形でお店に貢献している。そこを評価することがみんなの意欲にもつながると思います」と言います。

そのとき店長だった平野さんも、通常はリーダーやサブリーダーが応援要員として出向くことの多い新店オープンの応援に、あえてスタッフを行かせることがあったそうです。

「その際は、〝**あなたが選ばれたから、頑張っていらっしゃい**〟と送り出しました。『あなたが選ばれた』という言葉があるだけで、顔の輝き方が違うんです」

スタッフのモチベーションをあげるのは、上司のささやかな言葉がけや、何かの形で「あなたの頑張りを見ている、わかっている」と伝え、さらに感謝するところから始まります。

ブランドを移るということ

誰もが口をそろえて「やりづらい」というのが、他社や他ブランドを経験し、転職してきたスタッフ。

他を知っている人は、どうしても前職と今を比べてしまいます。

「前の会社ではこうだった」

「以前のところには、こんな商品があったのに」

「私はずっとこういうやり方をしてきた」

と何かにつけて言われ、困ってしまうこともあるかもしれません。

だからといって「うちにはうちのやり方、商品があるのだから、以前のやり方は忘れてください」と言ってしまっては、その人の過去を否定することになり、否定

された本人も愉快ではありません。このような人に対しては、私は、

「いろいろな会社やブランドを知っているというのは財産ですね。違うところを経験しているから、むしろうちの良さを早く理解してもらえるでしょうね」

と話して、自社のやり方を伝えていくようにしていました。

他社経験は、その人の貴重なキャリアです。そのキャリアを否定してしまうのは失礼なことですし、どうせなら過去の経験を今に生かして、強力な戦力となってもらうほうが大切です。

またあなたがもし、転職した立場であれば、同じく、現在のブランドを否定してはいけません。

まずはまっさらな気持ちになって、**新しいブランドの良さを学ぶ気持ちでいると、自分の積んできたキャリアに輝きが増し、**仕事も、売り場の人間関係も必ずうまくいくはずです。

コラム4

目の前のことに全力投球

はじめて「美しいものを売る」という仕事を経験したのは大学時代のアルバイトでした。小さい頃から美容部員になりたかった私は、「まずは化粧品と関わろう」とアルバイト先を探したのが最初の一歩です。

見つけたのは都内の化粧品店でした。そこでは国内外の全メーカーの化粧品が揃っていたこともあって、多くの商品とブランドを覚えることができました。

オーナーの奥様はとても親切に指導してくださり、販売職の喜びを一番最初に教えてくれた方です。

そしてクリニークへ就職し、美容部員、教育トレーナー、広報ＰＲを経て独立。会社を立ち上げ、今に至るのは前にお話しした通りです。

思えば、私が唯一望んだのは、デパートで働く美容部員になりたいということだけ。一販売員として接客が続けられたら満足でしたし、満足できる仕事ができるように毎日をがんばってきたことがいろんな偶然を生み、今につながりました。

高い目標を掲げて、ガムシャラに頑張れる人は、本当に素敵だと思います。

でも、いっぽうで、無理に目標をつくることはないとも思います。

日々、目の前のことに一生懸命取り組む。私もそのようにして人生を重ねてきました。

美容も、「10年後の肌を考えてケアをする」という考え方は好きではありません。とりあえず今日の自分をきれいにする。それを考えて一日一日ケアやお手入れをしていけば、自ずと10年後の自分はきれいになっていると思うのです。

お世話になっている取引先の社長である王桂香さんは、驚異の美肌の持ち主なのですが、こんなことをおっしゃっていました。

「今日の自分がいちばん若いのよ。だからこそ今日のお肌を大事にスキンケアをしていきましょうね」

いい言葉だなあと思いました。

まず、今日の自分をきれいにすること。

まず、今日の仕事を頑張ること。

そういう生き方が、私は好きなのです。

おわりに

四季を通じて温暖な気候の西伊豆の小さな温泉町の旅館の長女として生まれた私は、幼い頃から人と接することの大切さと楽しさを感じて育ち、憧れの美容部員になったのですが、実は販売の仕事を、何度辞めようと思ったか数え切れません。

履歴書を送り面接を受け、晴れて合格し、本社で必死に研修を受けて、念願の売り場に立つことができたはずなのに、月日の経過とともになぜか生まれてきた「こんなはずじゃなかった」という、たとえようもない脱力感に何度も襲われました。

商品は大好きだけど、思うように売れない。

先輩や上司の言うことが納得できず、後輩は生意気。

土日が休日の友人とも距離ができたり、失恋して自暴自棄になったり……。

「この仕事は私には向いていない。このまま朝が来なきゃいいのに」とひとり落ち込んだ夜も何百夜あったでしょうか。

泣き言は言うまいと誓ったのに、夜中に故郷の母親に電話をかけて泣いて嘆いたことも、一度や二度ではありませんでした。

でも、「辞める」という決断をいつも押しとどめたのは、

「次の新製品を見るまで頑張ろう」

という気持ちでした。

その気になれば仕事なんて、いつでも辞められる。だから何も今、辞めなくてもいいじゃないか。せっかく今日まで続けてきたのだから、いいブランドなのだから、とりあえず来シーズンまで頑張ってみよう。

新製品を楽しみに、一日、また一日と仕事に取り組むうちに、顧客も増え、お客様から「ありがとう」と言われる販売職の真の喜びを実感するようになりました。

この本を手にとってくださったみなさまの中には、もしかしたら私と同じように、悩んでいらっしゃる方がいるかもしれません。

でもこれだけは断言できます。

すぐには現れないかもしれないけれど、あなたの笑顔や努力を、じっと陰から見ていて、将来、支えてくれたり評価してくれる人が絶対いるはずです。

だからどうぞどうぞ負けないで。その時を信じて、つらい日々も乗り越えていってほしいと心から思います。

最後に、クリニーク時代の私の体験を活字にすることをご快諾くださった、エスティローダー株式会社・取締役副社長の中根孝氏、販売員として大切なことを厳しく温かく指導してくださった上司・諸先輩・後輩のみなさま、貴重なご意見を寄せてくださった株式会社エキップ・スックの平野美穂子氏、宮地歩氏、大学時代のアルバイト先の化粧品店ご夫妻、たくさんのブランドのスーパーエースを取材させてくださっている小学館の石山照実氏、野村サチコ氏、松原敬子氏、いつも励まし応援してくださる美肌研究家・王桂香氏に、心からお礼申し上げます。

そして父、母、永遠のライバル（!?）の妹と家族、どうもありがとうございます！

そしてそして、全国の販売員のみなさまへの私の厚い熱い思いを本に仕上げてくださったWAVE出版・飛田淳子氏に感謝申し上げます。

それから読者のみなさま。

最後まで読んでくださり、本当にありがとうございました。

野毛まゆり

野毛まゆり
（美容愛好家）

1961年静岡県生まれ。
外資系化粧品の販売、教育トレーナー、広報PRを経て独立。生家は西伊豆の温泉旅館で、祖母・母から美容と真のホスピタリティを仕込まれて育つ。現在は愛あるユニークな語り口と豊富な美容知識で『美容愛好家』として数々の女性誌、テレビ・ラジオで活躍。また、企業の研修会や講演会などで、美容・接客・販売の指導をしている。
ロックバンドQUEENのフレディ・マーキュリーを12歳の頃から激愛。

美しいものを売るために大切なこと
自分のファンを増やす接客術

2011年10月11日第1版第1刷発行
2017年 4月17日　　第8刷発行

著者　野毛まゆり
発行者　玉越直人
発行所　WAVE出版
〒102-0074　東京都千代田区九段南3-9-12
TEL　03-3261-3713　FAX　03-3261-3823
振替　00100-7-366376　E-mail：info@wave-publishers.co.jp
http://www.wave-publishers.co.jp/
印刷・製本　萩原印刷

NDC916　207p　19cm　ISBN978-4-87290-540-3